A year of self-love

愛自己的一年
365個
溫暖練習

特洛伊・樂夫
Troy L.Love —— 著

謝明珊 —— 譯

這本書獻給我的孩子。

你們閃耀的光芒，你們的天賦和活力，
以及你們所付出的愛，
讓我每天的生活幸福洋溢，
鼓勵我成為比昨天更好的自己。

目錄

序言	…4
一月	…7
二月	…23
三月	…39
四月	…57
五月	…73
六月	…91
七月	…109
八月	…125
九月	…145
十月	…163
十一月	…183
十二月	…201

序言

　　19 歲那年，我無意間看到這句話：「不愛自己的人，無力愛別人。」我當下不以為然，我自以為是一個很有愛的人，我愛我的朋友，愛我的家人，愛我的師長。我試著善待我遇見的每個人，臉上永遠掛著燦爛的微笑，讓全世界看到。

　　事實上，私底下的我，心情憂鬱，不時就會出現尋短的念頭，老是在自我貶抑。我一點也不相信自己值得被愛。我的認知告訴我，大家都愛我，但我的心卻覺得我不值得他們愛。

　　我始終不願意相信那句話，總覺得我有能力愛人。直到有一刻，我想通了。我還記得當時剛搬離家鄉，跟兩個不太熟的室友同住。我好孤單，好想家，我知道我必須做出改變。我站在浴室，逃避外面的世界，直到不得不回去面對。我凝視鏡中的自己，始終記得我大聲對自己說，那句話，「是真的！」然後，我閉上雙眼，陷入了沉默。改變發生了。

　　我開始慢慢認清現實：雖然我不愛自己，我還是可以愛別人，但是問題來了，當他們試圖回報我的愛，我會視而不見，會拒絕或推開，最後他們懶得再說服我值得被愛，而我就以為，我不值得被愛。

　　當我冥想這個新的意念（當時的我其實還不懂得冥想），我總算明白愛的能量本來就要互相分享。如果我拒絕摘下面具，不願展示我痛苦的那一面，不願接納他們的愛，是在無形中造成隔閡。這反而讓我更憂鬱、更孤單，更有尋短的念頭。無論我再怎麼燦爛的笑，再怎麼善待別人也沒用。

　　我知道，如果我想永遠充滿朝氣，深愛周圍的世界，我絕對要開始愛自己。當我愈愛自己，我有一些有趣的發現。

我體會到什麼是愛自己！愛自己是相信我值得被愛，我值得擁有歸屬感。愛自己是願意活出自己的天賦和能力，因為我知道我有，我也喜歡那樣的自己。愛自己是勇於示弱並敞開心胸，因為我知道這麼做將擁有更多。愛自己也是願意設定界線，勇敢說不，畢竟為所愛的人挺身而出是本能，而我愛我自己。

　　我是領有證書的社工師，累積超過 25 年心理保健經驗。我學習過情緒取向伴侶治療、創傷復原、眼動身心重建法、神經語言規劃、心理劇和神經科學。我著有暢銷書《尋找內心的平靜》（Finding Peace），教大家療癒情緒創傷（待會有很多相關的內容）。我的使命是為這個世界帶來更多的愛、光明和療癒。

　　愛自己並不自私。愛自己是愛別人的先決條件。唯有愛自己才會長出韌性，去面對自我貶抑陰影在耳邊說的悄悄話（比方「你不夠好」）。愛自己是不戴面具，真正善待別人，不去假裝，不去催促別人，也不把別人拒於門外。我們一邊享受自己的光，一邊跟別人分享。愛自己是承認自己不完美，但仍願意寬待自己。我們都很清楚，人容易嚴以律己，寬以待人。當我們練習對自己仁慈，奇蹟會發生：我們會停止評斷自己，就比較不會評斷別人。

　　愛自己不會變成自負，也不會落得一場空。愛自己不是自覺高人一等，也不是把自己看得比別人重要。一個愛自己的人，不會貶低自己；我們不是累贅，也非一無是處。當我們不再受制於懷疑、貶抑、恐懼或假裝等話語，就會更有能力連結周圍的人，進而去愛別人，鼓舞別人，讓這個世界更有愛。

　　這本書會一直提到情感創傷和自我貶抑陰影，但其實我的上一本書

《尋找內心的平靜》探討得更深入。不過，為了展開愛自己的一年，絕對要先認識這兩個概念。情感創傷分成六大類：失落、拒絕、忽視、背叛、遺棄和虐待。人與人本來就緊緊相連，但難免會遇到關係結束或破裂，令人痛不欲生，有時候自己還在傷口灑鹽，抗拒自己，忽視自我的需求，背叛真實的自我，甚至遺棄或虐待自己。

我後來發現，唯有愛與連結才能夠療癒傷口。這本書提供你每日愛自己的功課，讓你變得更包容、更安心、更活在當下，對自己更慈悲，會更有力量善待別人。

如果你有一段時間沒善待自己，初次嘗試這些練習，可能會內心交戰，但別輕言放棄。你只是被自我貶抑陰影、負面核心信念以及個體化訊息轟炸過頭。這些都是在我們腦子裡流竄的內在對話，讓我們愈發覺得自己一無是處且軟弱，極度欠缺心理安全感或信任感。自我貶抑的陰影很執著完美，老是罵我們不夠好，罵我們軟弱，妨礙我們去做新的嘗試，久而久之，我們會把別人的需求看得比自己重要，甚至義無反顧做出背叛自己的事情。這些都會阻礙我們去建立連結，以及去展現愛與慈悲。

別擔心，你並不是自己的陰影。你是光，你值得被愛。為了讓你享受自己的光，這本書提供每天愛自己的練習，包括名人箴言、愛自己的祕訣、小活動或冥想。你，值得你付出。如果你覺得自己很失敗，務必馬上開始練習愛自己。

這段經歷，會讓你找回更多的平靜和愛。願你明白這個真理：

你值得被愛。

1 月
January

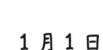

1 月 1 日

新的一年，大家會滿懷期待寫下新年新希望，可是不出幾個禮拜，甚至不出幾天，就失去衝勁和期待。

今年來點不一樣的吧！我們來設定自己新一年的心情。今年你希望多感受一點什麼呢？喜悅、愛、慈悲、健康、寬恕或幸福？想一個最貼切的詞，來表達你最想要的感受。寫在鏡子上，寫在社群媒體上。就算你年底只完成了一點，也是很有進步！那就是成功。

1 月 2 日

「偉大的事情，不是在衝動下完成的，

而是一件件小事構築而成。」

文森・梵谷 (Vincent van Gogh)

1 月 3 日

愛自己，基本上要有：

勇氣	寬恕	眞理
信任	同理心	正念
韌性	感恩	情緒智商
成長	滋養	連結

從裡面挑一個，想一想對你有什麼意義。

1 月 4 日

來點樂子吧！帶自己去購物（文具店或書店），挑一本空白日記本，引導你完成愛自己的旅程。你可以挑一本美美的手帳本，封面有你喜愛的圖案，也可以買一本簡單的螺旋線圈筆記本。寫日記會讓你看見自己在進步。把自己的體驗寫下來，就是認識自己最棒的方式。

1 月 5 日

　　當你練習愛自己，可能會覺得苦，忍不住想麻痹自己，這時候不妨換個角度看這些不舒服的感覺。把這些感受想成小孩子的生長痛，小孩就是因為在長肌肉，身體才會疼痛。

1 月 6 日

　　愛自己不等於自戀。當我們愛自己，會明白自己是重要的，相信自己值得被愛，被善待。對自己好一點，並沒有錯。唯有如此，我們才可以更活在當下，更願意愛別人。

1月7日

　　毛毛蟲必須經歷神奇的變態過程，才能夠蛻變成蝴蝶。你也可能被蛹困住，沉溺在陰影、創傷和麻木不仁的行為中，一直期待有人來打開你的蛹、拉開它，把你解救出來。但就如同蝴蝶，你必須自行超越蛹的限制，一層又一層的突破。

　　你的蛹有哪幾層呢？花幾分鐘寫下來，想像一下，如果這些蛹剝落了，你會有什麼感覺？

1月8日

「對真理致上最崇高的敬意，便是去實踐它。」

詹姆斯‧拉塞爾‧洛厄爾（James Russell Lowell）

1月9日

　　你希望別人對你說哪些好話呢？花時間想一下，哪幾句好話影響了你？比方，在你低潮時鼓舞你，或者提醒你一直被愛著。看著鏡中的自己，對自己說這幾句好話吧。用心觀察你聽到的這些好話，心裡有什麼感覺。

1月10日

　　有的人，就連花幾分鐘愛自己也辦不到。自我貶抑的陰影一直在耳邊碎唸，說什麼愛自己是自私的，或者別人需要你。從現在開始，允許你去愛自己！做一張許可證給自己，簽名。

1 月 11 日

我散發著愛與光芒。

1 月 12 日

　　想像你贏得夢想的汽車，正期待開車去兜風，卻發現油快沒了。難道你會開到加油站，開四瓶汽水倒入油箱嗎？不會吧？為什麼？

　　我們的身體，也是設計精良。如果餵身體吃垃圾食物，對身體的表現會有什麼影響呢？為身體補充合適的燃料，也是一種愛自己，而且會受用一輩子。你今天可以吃什麼食物，來滋養你的腦、心和身體呢？想想看有哪些新鮮的全天然飲食，可以讓你吃得開心，帶給你長久的滿足感。

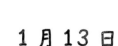

1 月 13 日

教育家兼作家約翰‧布雷蕭（John Bradshaw）說過：「時間要花在我們喜愛的人事物上。」你有多少時間投入在你所愛的人，以及你喜愛的嗜好上？如果我們連一點時間和心思都捨不得付出，這些人事物也會感受到他們不值得。現在想一想，你花多少時間愛自己呢？該如何讓自己清楚知道，你是值得付出這些時間和心思的呢？

1 月 14 日

最震耳欲聾的自我貶抑陰影，便是在腦海中重播自我批判的聲音。你怎麼會那樣呢？你應該這樣做。你那樣穿很醜。你太胖了。你太瘦了。你還不夠努力。你聽得到這些聲音嗎？花時間想像一下，這些聲音給你什麼感覺？這些評斷帶給你什麼感受？

今天，注意你有多常升起評斷心？每當你發現自己升起評斷的心，你就對自己說：「我看見了，我不相信你，我正在學習愛自己。」

1月15日

「聽我說，你這些年都在自我批判，可是一點起色也沒有。
何不從現在開始自我肯定，試試看會有什麼改變？」

露易絲·賀（*Louise Hay*）
《創造生命的奇蹟》（*You can Heal Your Life*）

1月16日

自我貶抑的陰影一直在騙我們。為了擺脫這些陰影，最好的方法就是說真話。當陰影再度怒斥你犯了錯，你要認清事實（相信你的五感），放下評斷。

唯有看清整個情況，才能做出更明智的決定，知道該怎麼處置。你確實有能力用事實對抗謊言。

從現在開始揪出謊言，說真話。

1 月 17 日

愛自己並不自私。愛自己使你豐盛，可以讓愛滿溢，擴及你的家人、朋友和陌生人。愛自己，才會有更多愛可以分享。

1 月 18 日

你有什麼煩心事老是拖著不做呢？擁抱這份不安的感覺，連結你的內在力量。現在放手一搏，採取行動吧！看看會有什麼改變。

1 月 19 日

「在喧鬧而奔忙的世界中靜靜往前走。生命的祥和就在於寧靜。」

麥克斯・埃爾曼 (Max Ehrmann)
詩歌《我們最需要的》 (Desiderata)

1 月 20 日

願我善待自己。

1 月 21 日

　　水是可以滋養身體和心靈的物質。今天愛自己的功課是喝水。水可以淨化和活化身體，改善身體健康。你不用另外花錢買瓶裝水，反正瓶裝水的源頭也只是自來水，跟開飲機流出來的水沒有兩樣。

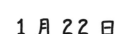

1 月 22 日

　　把雙手放在你的腹部，介於肚臍和胸骨之間，雙手的指尖在中線交會。現在給自己一個深呼吸，想像肚子有一顆氣球，氣球愈漲愈大。你吸氣的時候，感受左右手的手指微微分開。現在慢慢呼氣，感受左右手的手指再度靠攏。當你這樣深呼吸，大腦會接收訊息，知道現在一切都很好，你自然會開始放鬆。今天的功課就是做幾次呼吸練習。

1 月 23 日

　　不要再看著地板，抬起頭，仰望天空吧！注意天空的顏色，注意看空中的雲朵。沉浸於天空的美，想像宇宙正在對你微笑。宇宙有什麼正向的訊息要告訴你呢？

1 月 24 日

　　當你覺得痛苦，試著坦然面對。這麼做並不會讓你軟弱，反而會提供你更多回應的選項。如果你正在痛著，那就承認你的痛苦吧！做一些善待自己的事。給自己一個擁抱，或者用你溫暖或清涼的雙手捧著臉，再不然就搓揉一下肩頸。雖然你受苦，但你有能力自我療癒。

1 月 25 日

　　你有聽過願景板嗎？這個概念很簡單。首先上網搜尋圖片，你找到的圖片必須象徵你所期待的經歷、感受或目標。然後把圖片印下來，剪下來，貼在大張壁報紙，願景板就完成了。現在把願景板貼在你每天看得到的地方。你每次看到願景板就問一問自己：**我今天可以做些什麼事，讓我更靠近海報上的願景呢？**

1 月 26 日

你喜歡賴床嗎？下次你準備起床的時候，先別急著把雙腳跨到床邊坐起身，試著給自己時間專心深呼吸。閉上眼睛，用腳掌感受床單，體會床單的質地和溫度。把這份賴在床上的小確幸，牢記在心裡。

1 月 27 日

學習愛自己，學習珍惜自己，我會更懂得深愛別人，珍惜別人。

1 月 28 日

　　今天一整天都來練習正念。覺察你坐在椅子上的感覺，感受身體的重量都被椅子支撐著。覺察你的呼吸，感受你呼吸穩定的節奏，覺察你的呼吸有沒有隨著情緒和動作而波動。覺察你周圍的聲音，小至你置之不理的悄悄話，大至震耳欲聾的大噪音。覺察顏色、景象、人和質地。允許自己按下暫停鍵，安於此時此刻。

1 月 29 日

「不好好面對自己，永遠不可能成就大事。」

詹姆斯・拉塞爾・洛厄爾（*James Russell Lowell*）

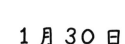

1月30日

　　你有什麼事情一直想做，卻覺得無從下手嗎？寫下你覺得難以達成的原因。事情真的像你寫的那樣嗎？在你書寫的原因下面，寫下有助於你達成目標的三個強項。

1月31日

　　起心動念，可能鼓勵我們去創造、去開創、去採取行動，也可能造成破壞、傷害或無力感。如果你想經歷更多正向情緒或更多愛，那就試著轉念。你的心充滿哪些念頭呢？哪些念頭對你有益呢？哪些念頭使你退縮呢？

　　今天你做的每一個行動，都要秉持著寬大、愛與正向的心念，試試看會有什麼不一樣。

2 月
February

2月1日

　　笑的好處很多，可以舒緩緊張，釋放壓力反應，提升免疫力，讓你更快樂。笑也是天然的止痛藥，現在幫自己一個忙，笑一個吧。如果你一時之間笑不出來，不妨看一段趣味影片或脫口秀，一旦笑起來就停不下來了。

2月2日

　　愛自己，就是自律。當我們愛自己，就會願意嚴格要求自己，讓自己有所成長。愛自己，不只是勇於迎接好機會，也是勇於拒絕干擾和不浪費時間。

2月3日

　　拿出一張紙，計時器設定倒數 5 分鐘，開始寫你人生已經完成的事情，不用寫得像履歷表井井有條，想到什麼就寫什麼吧，寫到計時器響了為止。這些成就可大可小。等到你寫完了，把計時器調為倒數 10 分鐘，開始閱讀你剛才寫的東西，回想那些人生片段。如果你還有想起其他成就，趁機補寫上去。現在把最終版從頭讀到尾，慶祝你完成的每件事，感受自己有多麼厲害！

2月4日

　　想一想你正在做的事情，有哪些會破壞你的生活（說不定不用特別想，就可以列出一堆）。你能不能設定界線，以免這些事情繼續破壞你的生活？比方有人請你幫忙，但你真的沒有時間，大可直接拒絕。

　　這麼做可能會令你不安，但你是在為自己做正確的選擇。

2 月 5 日

拿出主動求助的勇氣！如果你需要認可、安慰或慰藉，

那就開口請別人幫忙，滿足你的需求。

2 月 6 日

挑一個你想要養成的日常習慣。一天結束時，確認你有沒有做到。如果
你做到了，為自己慶祝。如果你沒有，也要對自己仁慈。習慣成自然，通常
要花幾個禮拜或幾個月，反正明天又是全新的一天，你就有再接再厲的機會
了。

2 月 7 日

當你表達喜悅的心情，而非其他情緒，你會更願意擁抱脆弱。喜悅的展現，可以是歡愉的笑容、歡呼或擁抱。今天允許你自己表達喜悅之情吧！

2 月 8 日

今天來珍惜你的身體。花時間散步或做運動，就算只有幾分鐘也好，比方爬樓梯、拔野草或清空資源回收箱。觀察你身體的力量，感謝身體所為你做的一切。

2月9日

　　愛自己有一門功課，名叫情緒覺察。當我們跟自己的情緒脫節，或者習慣壓抑情緒，便無法覺察身體正在疼痛或不舒服。但是，我們可以學習追溯情緒的源頭。

　　為了培養這個能力，我們來看電影做練習。騰出一些時間給自己，看一段會讓你傷心、恐懼或憤怒的影片，現在閉上眼睛，先辨識你升起的情緒，然後描述你身體哪些部位有什麼感受，比方：**我感到傷心，我覺得腹部很沉重，眼睛周圍有灼熱感。**

　　待在安全的環境，花幾分鐘做練習，你會試著覺察伴隨情緒而來的身體感受。下次再有傷心、恐懼或憤怒的感受，不妨去尋找自己情緒的根源，試試看有沒有更理解自己的情緒反應，進而採取行動，處理情緒背後的癥結。

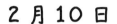

2月10日

　　恭喜你，你正在練習愛自己。每一天，你都選擇為自己而存在，這就是一件值得慶祝的事！

2月11日

　　聽我說，雖然你在宇宙渺小如塵埃，但並不表示你不重要。當你對別人表達慈愛，哪怕只是簡單的關愛或慷慨，都會提醒他們值得被愛。你這個小動作的效應，就像漣漪一圈圈擴大，讓你連結更廣闊的外在世界。你今天可以做什麼小事情，對別人展現慈愛呢？

2 月 12 日

「無論你是否明瞭，宇宙一直都是依照規律運轉著。」

麥克斯・埃爾曼 (Max Ehrmann)
詩歌《我們最需要的》（Desiderata）

2 月 13 日

　　你不完美（每個人都不完美），難免會犯錯（每個人都會犯錯）。但你就是你！世界上沒有跟你一模一樣的人，沒有人可以跟你做出一樣的貢獻。你會從錯誤中學到教訓，你的不完美會成為你的特色，而且你已經夠好了。

2 月 14 日

　　想像你在路邊發現一隻寵物迷路了，牠看起來又餓又髒又孤單。你會直接把車開走，期待別人來照顧牠？還是你會停車幫助牠呢？你覺得有什麼人格特質的人，會願意暫停手邊的事情，幫助一隻有需要的動物？

　　寫下這種人會有的人格特質。你也有能力展現這些特質喔，不僅去關心這隻想像的動物，也會去關心別人和你自己。想一想，你可以如何落實這些人格特質呢？

2 月 15 日

　　你上次跟自己約會是什麼時候了？拿出你的行事曆，安排跟自己的約會時間，比方去大自然散散心，去享受按摩放鬆，去做自己喜歡做的事情，反正就是挑一件會令你開心、放鬆或興奮的事情。

2月16日

什麼事情會讓你容光煥發，有活著的感覺？
花5分鐘寫下你的答案。

2月17日

我們每天可以做四大類的事情來增進幸福感：健身、家人、朋友和專注。健身是在照顧身體，絕對不是只有上健身房而已，健行、跳舞、園藝、跟狗狗玩丟球都可以，你有無限多愛自己的方法，來滿足你身體的渴望。家人和朋友這兩大類，主要是為了每天跟所愛的人連結，比如固定的共處時光，或者特殊的聚會。最後是專注，每天做一些努力完成個人的使命。想一想這四大類的事情，你每天已經在做哪件對你有益的事情呢？還有什麼事情值得你投入更多的愛呢？

2 月 18 日

　　有時候我們對自己很苛刻，咒罵自己，抱怨自己的身體不夠完美，用傷人的話語貶低自己。聽起來就像霸凌吧？事實上，霸凌者也經常對自己做這種事，因為在他們內心深處，也是傷痕累累。如果你也會霸凌自己，內心可能潛藏著創傷，等著你去關愛。從今天起扭轉局勢，給你內心的霸凌者一點顏色瞧瞧，對自己說一些好話吧！

2 月 19 日

「如果你沒有覺察你的潛意識，它就會一直主導你的人生，
成為你的命運。」

卡爾‧榮格（Carl Jung）

2 月 20 日

　　拿出筆記本，寫下你擔憂的事情，你想寫多久就寫多久。寫完了，把筆記本合起來，去做點別的事。幾天後，再拿出筆記本，看一看你寫的東西。注意你當下的感受。有沒有什麼變化？

2 月 21 日

　　在愛自己的旅程中，正向思考是最強大的工具之一，今天來瞧瞧它的厲害！每當你發現自己偏向負向思考，試著把心思拉回正向，這麼做可能會有難度，但你有力量改變自己的！

2月22日

今天來靜心冥想練習，想像一下，如果你百分百相信自己值得被愛，值得擁有歸屬感，你會過著怎樣的人生？你會有多麼勇於接納別人的愛？你會多麼勇於愛人？

2月23日

「我研究羞恥心、真誠和歸屬有 20 年的時間了，我深信，
愛自己是最困難的，也是最勇敢的事情！」

布芮尼・布朗博士（Brené Brown）
《人到中年》（The Midlife Unraveling）

2 月 24 日

我擁有我需要的一切，我過著豐盛的生活。

2 月 25 日

回想你人生中脆弱的時刻，把這些經歷寫下來。你可能會覺得難，但透過感受自己的脆弱，可能會成長，可能會更了解自己。你從中學到什麼了呢？有沒有變得更堅強？

2 月 26 日

　　想要改變自己的想法和感受嗎？最好試著用第二人稱跟自己對話。打個比方，不要說「我已經練習一個禮拜了，我可以做到的。」換成說「（你的名字），你已經練習一個禮拜了，你可以做到的！」很奇怪，改變一下主詞，就可以振奮你的心情，讓你更快樂、更積極，更容易達成目標。

2 月 27 日

「永遠做對的事，有些人會因為你而開心，
有些人會因為你而驚奇。」

佚名，引用自馬克‧吐溫（Mark Twain）和托爾斯泰（Leo Tolstoy）

2 月 28 日

　　凡是從愛和慈悲心出發，就會為身體和生活做出更明智的選擇。帶著慈悲心，靠近這個世界。善待自己，也允許自己去感受和表達情緒。你的身體一定會有改變的。

Keep going

3 月
March

3月1日

「失敗是在重新給你機會，把一件事做得更好。」

亨利・福特（Henry Ford）

3月2日

我們每個人都在努力的成長、改變和轉化。有些目標看似遙不可及，不妨把整個過程想成超級馬拉松，你站在起跑點時，千萬不要想著「今天我要跑完 100 多公里」，而是想著你抵達第一個救護站要花多少時間，然後再想著第二個救護站。如果不小心跌倒了，一路上都會有人鼓勵你、滋養你和關心你。你要做的只是分段跑完全程，一次完成一小段距離。

3月3日

　　自我貶抑的陰影一直在慫恿你討別人歡心，勉強你裝得循規蹈矩，但等到別人認可了你，你終究會憂喜參半。開心歸開心，但就是不踏實，因為你沒有忠於自我。

　　想想看，自我貶抑的陰影是不是正在慫恿你去偽裝自己？如果可以摘下面具，讓別人看見真正的你會怎樣呢？

3月4日

　　「人啊⋯⋯總以為自己、想法和感受可以置外於這個世界。這是一種意識層面的幻象，形同把自己關在監獄裡，從此以後，只服從個人的欲望，只對幾個親近的人付出感情。我們的任務是把自己從這個監獄解放出來，讓我們的慈悲心去擁抱所有的眾生，以及美麗的大自然。」

亞伯特・愛因斯坦（Albert Einstein）

3月5日

「我愛你、對不起、請原諒我、謝謝你。」這四句話是夏威夷古老心法，稱為「荷歐波諾波諾大我意識法」（Ho'oponopono），可以敞開我們的心，去接納更多的愛。把這四句話重複說幾遍，釋放你體內積壓已久的負能量。

3月6日

「知足，方能常樂。」

佛教諺語

3月7日

愛自己有一門功課，就是覺察你對自己說的故事。

練習覺察自己的想法，問一問自己：「這是真的嗎？還是我曲解了？該不會是我敘述錯誤吧？」花時間確認這段敘述的真偽。有時候跟別人聊一聊，也有助於你確認真假。無論你要獨自確認，或是找別人一起確認都好，從現在試著養成這種習慣，持續挑戰不正確的敘述。

3月8日

回想一下，有沒有人曾經沒來由的對你好？你還記得那個人說了什麼嗎？他用什麼樣的語調？他展現什麼樣的情緒？他有沒有溫柔或慈愛的摸摸你？當你回想起那個片刻，內心有什麼感受？

3月9日

「人生就是要放寬心。亂糟糟嗎？那就讓它亂著吧！今天沒心情做嗎？那就先擱著，深入探索你的感受吧！……把人生藍圖放在心上，繼續向前邁進。人生旅途中，難免會覺得人生好難。擁抱這種感覺吧！」

拉夫・德拉羅莎（Ralph de La Rosa）
《猴子信使》（The Monkey is the Messenger）

3月10日

去一家你沒去過的餐廳，或者嘗試你沒吃過的食物，說不定你會喜歡！你會趁機拓展自己的品味，迎接新的選擇和發現，但你或許會覺得討厭，那就不要再勉強自己了。不管你是覺得喜歡還是討厭，終究都多了解了自己一點。

3月11日

「悲傷因分享而減半，快樂因分享而加倍。」

佚名

3月12日

　　你可以鍛鍊身體，當然也可以鍛鍊腦袋。常動腦，會刺激腦袋成長和改變。快去報名你一直很想學的語言課程，找一些謎題來破解，或者閱讀沒接觸過的領域，反正就是找一件事情做，動動腦子吧！

3月13日

　　大家因為過去的經驗，很怕被拒絕。我們怕揭開過往的傷疤，不知道該怎麼跨越，但如果一直害怕被別人拒絕，可能會困住我們，妨礙我們去冒險，即使去冒險可能對我們有好處。

　　現在試試看這個挑戰！開口請別人幫忙做一件不太可能一口答應的事情。那件事可能只是請人幫個小忙，例如跟餐廳多要一點食物，跟陌生人討擁抱。你可能會被拒絕，但不要覺得怎樣。你要學習跟拒絕共存，這是讓自己迎向未知新體驗的第一步。

3月14日

我信任我的直覺和內在聲音。

3月15日

今天走出去，試試看跟不同的人打交道，例如一陣子沒見的朋友或家人，或者是你想要多認識的同事，盡量找充滿正能量的人，讓自己被這種人包圍。當你建立新的連結，或者深化舊的連結，內心有什麼感覺呢？你會發現跟你連結的那個人，內心也有相同的幸福感喔。

3月16日

想一想，你有沒有看不慣自己哪一面？比方你改變不了的身體特徵、行為或人格特質。當你想到這裡，內心有沒有浮現什麼情緒和念頭？現在來練習覺察。你剛剛有在霸凌自己嗎？還是你對自己很寬容呢？只是單純觀察就好。

3月17日

「再一次鼓起勇氣，去相信愛吧！」

瑪雅・安潔盧（Maya Angelou）

3月18日

　　如果今天有人差一點要惹怒你，先升起你的好奇心，注意身體的反應，對你自己說：「這不是很有趣嗎？」然後發出好奇的提問，退到旁觀者的位置，觀察你內心的反應。千萬不要想著那個人是在針對你，你只要專心覺察你的感受、念頭和情緒。這個過程不用持續太久，就算幾秒鐘也好，反正就是展現對自己的好奇，你會發現你愈來愈平靜，愈來愈踏實。

3月19日

我相信，我應該活出真實的自己，
我有我與生俱來的使命。

3月20日

　　自己當自己的 DJ，播放你喜愛的音樂。跟著旋律大聲唱，或者找到屬於
你自己的旋律。跟著節奏跳舞或擺動身軀。閉上眼睛，感受你聆聽這首音樂
時，有沒有什麼色彩或回憶浮現。

3月21日

　　每個人都有創傷，這些是拒絕、失落、忽視、遺棄、背叛或虐待所遺留下來的傷口。專心療癒你的傷口，藉此表達對自己的愛。第一步就是覺察這些創傷，下一步是找別人幫忙，例如值得信任的朋友或家人，甚至是一個陌生人，只要他是有智慧和慈悲心的聆聽者，就可以幫助你療癒。

3月22日

「懦弱的人不懂得寬恕，因為寬恕是堅強的表現。」

莫罕達斯・甘地（Mahatma Gandhi）
《四海之內皆兄弟》（All Men Are Brothers: Autobiographical Reflections）

3月23日

　　如果你發現自我貶抑的陰影又在對你說負面的話，至少寫下 5 句正面的話語來抗衡它。

3月24日

　　「世界上最美的靈魂，是在領悟了失敗、苦難、糾結和失落，從谷底找到出路的人。這些人對生命會有感謝、細膩和感悟，所以會充滿慈悲、溫柔和深厚的關愛。美好的靈魂，絕對不會憑空而生。」

伊莉莎白・庫伯勒羅絲（Elisabeth Kübler-Ross）

3月25日

　　如果在一個充滿愛、支持和連結的環境，療癒的速度會更快。想一想，你最近有哪些進步、成就和成功，花心思為自己慶祝，不要只是獨自一人，也找生命中重要的人一起來吧。

3月26日

　　勇於活在當下！我們太容易出神或麻痺自己了，但其實每天每一個片刻，都在給我們機會覺察這個世界的奇蹟！用心欣賞日出或日落，走出戶外去淋個雨吹個風，給自己一個深呼吸，停下來用心品嚐食物，感受皮膚的溫暖柔順。

3月27日

別再對自己許下「下次不會了」的承諾。試著對自己說：「我怎麼鼓勵自己去做其他有意義的事呢？」

3月28日

「如果你不寬恕自己，你會一直帶著遺憾，
忍不住一再做出傷害自己和別人的事情。」

貝芙莉・英格爾（Beverly Engel）

3月29日

誇獎自己吧！你有哪些進步呢？你有多努力堅持達成目標呢？你最近解決什麼問題呢？說出明確讚美自己的話，觀察你有什麼感受。

3月30日

「生命中有意義的小事，比沒意義的大事有價值。」

卡爾‧榮格（Carl Jung）

3月31日

你有多麼清楚自己快樂的泉源？你最後一次探索內在世界是什麼時候？今天花時間回答這些問題……

我最喜愛的回憶是……

我的夢想是……

我人生最有挑戰的部分是……

我最親近的朋友和家人是……

我心目中美好的人生是……

寫完了，想一想，你想跟誰分享你寫的東西，去找他們聊一聊。

4月
April

4月1日

今天選擇微笑。微笑有感染力。
我的微笑會像漣漪一樣擴散出去。

4月2日

「有智慧的人，不會為他沒有的東西而難過，
只會為他擁有的東西而開心。」

艾彼科蒂塔斯（Epictetus）

4 月 3 日

《哈利波特》（*Harry Potter*）系列小說中，魔法世界大多會害怕佛地魔，怕到「不敢提到他的名字」，但是哈利波特的導師鄧不利多（Dumbledore）主張要直稱佛地魔的名諱，這樣才可以去除這個黑暗稱號的神祕面紗，削弱其力量。

說出我們的情緒，也有同樣的效果。當我們口頭承認內心有什麼感受，這就是面對恐懼，並且選擇該怎麼面對情緒的第一步。

4 月 4 日

想像一下，你準備接受心臟手術。你心目中的外科手術醫生，可能要懂得安撫、關懷和鼓勵病人，還要擅長開心手術。這位醫生必須有豐富的實戰經驗，一有問題發生就知道怎麼解決。

至於你掌管情緒的心，是不是也要重建呢？最適合修復這顆心的人，就是自己。如果你可以帶著慈悲心，熟練的完成慈悲的行為，絕對會有幫助。什麼是你的強項？你能不能一步一步的，深化你的慈悲心和慈悲的行為？

4 月 5 日

　　你有哪一個部分的自己，一直得不到你的愛呢？這可能是你的身體和行為，或者任何你看不慣的部分。把你經常對自己說的負面話語寫下來，一、兩句就好。

　　現在閉上眼睛，想像一個無條件愛你的人，可能是你的家人朋友，不管這個人還在不在人世間，有沒有存在過都沒關係。他比誰都還要了解你，接納你原本的樣子，對你展現愛、仁慈和慈悲。

　　如果這個人要寫信給你，如此一個充滿愛、仁慈和包容的人，對於你所在意的問題，到底想對你說什麼話？現在你盡量寬容且慈悲的書寫這封信。

　　寫完了，先把信放著，過一陣子再來唸給自己聽，覺察你聽到的感受。

4 月 6 日

此時此地，正是我該來的地方。我人生發生的每件事，把我帶到了這裡，如今我有機會迎接新的可能性，走我沒走過的路，聽我沒聽過的音樂。

4 月 7 日

當你允許自己被看見，允許自己表達需求，你就是讓自己有機會被看見、被接納、被珍惜和被愛。你敞開自己的心扉，來滿足自己的需求。

4 月 8 日

「每天都要走進你自己的內心，找到內在力量，你內心的燭光才不會被外在世界吹熄。」

凱薩琳・鄧南（Katherine Dunham）

4 月 9 日

　　彼得・維德瑪（Peter Vidmar）在 1984 年奧運獲得完美的 10 分，在體操比賽榮獲 2 金 1 銀。他有沒有什麼祕訣？一般體操選手每天會練習 6 小時，彼得自己多練了 15 分鐘，每天只騰出 15 分鐘，聽起來沒什麼，但是聚沙成塔。

　　想想看你正在培養的能力，或者你想要達到的目標，不一定是拿到奧運金牌。你的目標或許是練習樂器或瑜伽，或者清理抽屜或櫃子裡的雜物。每天只要在這個目標下功夫 15 分鐘，相當於每個禮拜 105 分鐘。區區 15 分鐘加總起來，一個禮拜就將近 2 小時。想像一下，這個可能性會有多大！

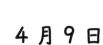

4 月 10 日

我體現了愛和慈悲。

4 月 11 日

很多人不喜歡自己的身體,擔心自己的身材不夠好,卻很難跨出第一步,去報名健身課程和運動比賽,甚至穿上運動鞋去散步。愛自己,最好要去嘗試一些關愛身體的事情。你想要如何跨出舒適圈,好好照顧身體呢?

4 月 12 日

「一扇門關上了,另一扇門會開啟,但我們實在太懊悔
門關上,反倒看不見為我們敞開的門。」

亞歷山大‧葛拉罕‧比爾 (Alexander Graham Bill)

4 月 13 日

對你自己說，「嗨，你昨天有好好把握機會。你本來還在猶豫要不要去嘗試，但最後的結果還不賴吧？你今天可以更進一步，做出更好的成績嗎？」

4 月 14 日

如果有在現實生活跟別人連結，我們會更容易愛自己。這些日子以來，大家都被社群媒體包圍了，但奇怪到了極點，我們卻比以前更孤單，更憂鬱。當我們看著朋友和追蹤者的生活亮點，不知不覺就會開始比較，頓時覺得自己的生活不夠好。今天暫時不要用社群媒體，換成打電話、寫電子郵件或者寫老派的信或卡片，給失聯已久的某個人吧！大方分享你的愛！

4 月 15 日

「細數自己擁有的幸福，讓這些幸福變得有意義。」

尼爾・麥世維（Neal A. Maxwell）

4 月 16 日

　　小時候，你有沒有播種過？把肥沃的培養土倒入小紙杯，埋下種子，你總是迫不及待想看到種子發芽。老師可能跟你說，種子生長需要水和陽光，所以你每天都要給窗邊的盆栽澆一點水。幾天後，小綠葉從土裡冒出來，然後一直長大，還開了花！

　　愛自己的練習，就好像在你的心裡播下慈悲的種子。你剛播種的時候，種子還很小，但你會期待種子發芽茁壯。一切都需要耐心和溫柔，以及每天不間斷的呵護。既然你已經在心底播下慈悲的種子，從今天開始好好照顧它。給它水，給它溫暖的陽光。

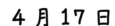

4 月 17 日

想一想令你生氣的人。今天給自己幾分鐘，帶著慈悲心，花幾分鐘想著那個人，希望他過得好。你這麼做，內心有什麼改變呢？你有沒有因此對自己更慈悲了呢？

4 月 18 日

「當你怪罪別人或評斷別人，你會覺得自己無力改變。當你開始為自己的信念和評斷負責，你才會重獲改變的力量。」

拜倫・凱蒂（Byron Katie）

4 月 19 日

　　從現在開始了解你的身體。你當下有什麼情緒呢？你身體哪個部位正在經歷那個情緒？那個情緒是什麼顏色，有什麼性情？你之前也有過相同的感受嗎？你會怎麼稱呼這種感受？練習表達你的感受，有助於自我察覺。允許你感受當下的情緒，承認它的存在，然後深呼吸。

4 月 20 日

「有些人就是要走過黑暗蜿蜒的路，才會找到寧靜的河流，
或者通往靈魂終點的坦途。」

約瑟夫·坎伯（Joseph Campell），
《千面英雄》（The Hero with a Thousand Faces）

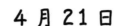

4 月 21 日

愛就是我們的自然狀態。當我們散發著慈悲、仁慈和愛（對自己，也對周圍的世界），我們的內心會很平靜，也會更堅持人我分際，散發著我們的光和力量。

4 月 22 日

相機可以拍特寫，把焦點放在某個拍攝對象上，讓其他東西都變成背景。我們的思想也有這個能力，如果你太在意負面思考，不妨把注意力轉移到你身體的實際感受，注意有哪些緊繃、溫熱和痛楚浮上檯面。

現在開始去想正面的事情：花園裡雨滴的氣味、海浪拍打海灘的節奏聲、用手輕拍著發出呼嚕聲的貓咪。盡量把注意力放在正面的想法，觀察你的身體有沒有隨著你的念頭而改變。你會逐漸發現，你不關注的事情會化為背景。

我們比自己想像的更有力量！多練習把注意力轉移到正面思考，負面思考就會離我們愈來愈遠喔。

4 月 23 日

現在企業紛紛運用團隊建立（team building）練習，來培養同事之間的信任感。信任別人是重要的，但我們也應該想一想，如何也在自己身上應用團隊建立的技巧，對你身體每一個部位表達感謝和信任。當你把身體所有部位都視為一個團隊，不知不覺的，你也會更尊重自己。

4 月 24 日

「你是宇宙的孩子，跟樹木和星星一樣的重要，
你也有存在的權利。」

麥克斯・埃爾曼 *(Max Ehrmann)*
詩歌《我們最需要的》 *(Desiderata)*

4 月 25 日

我有很多堅強的地方。

4 月 26 日

　　大家都愛聽英雄的故事。賣座電影主要都是跟英雄有關。你也有自己的英雄事蹟，你可能曾經克服挑戰，也可能正在面臨人生考驗。

　　寫下你自己的英雄事蹟。這段旅程是怎麼開始的？你怎麼選擇你的路程和終點？你一開始就接納這段旅程嗎？想一想這段路有哪些朋友和貴人幫助過你。你在途中克服哪些阻礙？你從中認識到自己哪些層面？你有什麼改變或成長呢？

4 月 27 日

　　附近找一間書店，挑一本你覺得有趣的書。如果書店裡剛好有舒服的椅子，那就坐下來閱讀，讓自己放鬆一下。如果找不到椅子，那就另外找一個放鬆的地方滋養你的心靈。

4 月 28 日

　　今天，對你自己說：我相信我已經夠好了。我不會逃避，也不會把自己逼得太緊。我要在此時、此刻，成為我自己。

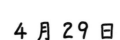

4月29日

「對你擁有的一切心存感激，你將擁有更多。
如果太在意自己所沒有的，你永遠都無法滿足。」

歐普拉·溫芙蕾（Oprah Winfrey）

4月30日

　　當我們感受到情感創傷的痛苦，可想而知，我們有點缺乏連結了。該怎麼辦呢？去建立連結呀！人類的腦袋經過神奇的演化，知道如何幫助彼此活下來，也懂得互相愛著，一起玩耍，互相支持。今天，去找個缺乏連結的人，給他幫忙、鼓勵和支持吧。

5 月
May

5 月 1 日

我是錯誤製造達人，每次我犯了錯，我就會更清楚知道下次該怎麼做。

5 月 2 日

「施受冥想法」(Tonglen Meditation) 是最有勇氣的冥想法。你要把周圍的苦難都吸入體內，從體內呼出愛、喜悅和慈悲。這段過程很有挑戰性，你必須面對內在的情感創傷，以及聆聽自我懷疑的聲音，但也是很厲害的身心療癒法喔。

先讓自己保持舒服的姿勢。當你準備好了，感受你周圍的苦難，可能是你自己的或身邊的人的。

把這個苦難想像成一股能量或一道顏色，從鼻子吸入你的體內，再想像這股能量碰到神奇的魔杖，頓時轉化為愛與慈悲。現在從你口中呼出的，是慈悲。

重複這個吸入苦難以及呼出愛與慈悲的過程。

第一次先維持 5 分鐘，下次不妨拉長為 10 分鐘。

5 月 3 日

　　回想你曾經遭受別人的傷害。閉上雙眼，以正念的呼吸穩住自己。想像一下，那個傷害你的人就站在你的面前，你看到這個人的人性，發現他就跟你一樣，也有希望、夢想、恐懼和擔憂。

　　他做出這種傷害人的事情，如果你再繼續跟他糾纏，可能會有危險，當然你不希望這種人繼續出現在你的生活中。儘管如此，你仍要練習對他慈悲。你能不能祝福那個人一切都好？你想要跟他說些什麼呢？

　　做這個練習的時候，留意你自己的想法、感受和陰影。記得在練習完畢時，對那個人說聲，謝謝和再見。

5 月 4 日

跟你所愛的人，分享你這一天最美好和最悲慘的事情。

挑一段你們兩個人都願意聽和說、也不會被別人打斷的時間。

邀請你所愛的人，也跟你分享他的一天，你要用心的聆聽。這種對話可以深化你對彼此現況的理解。

5 月 5 日

「讓正念吸納你經歷的一切……維持正念的意念，
包括慈愛、精進、活在當下、專注和放鬆。」

拉夫・德拉羅莎（Ralph de La Rosa）
《猴子信使》（The Monkey is the Messenger）

5 月 6 日

寬恕，就是放下心懷的怨恨和憤怒。寬恕不一定是寬容別人，或者為別人的行為開脫。寬恕只是要我們別再沉浸於傷害和不公不義，別再滿腹委屈。試著卸下你身上背負的痛苦感受吧！

5 月 7 日

睡眠是對身心最重要的支持。如果你有失眠的困擾，難道要放任自己翻來覆去嗎？你明明可以嘗試各種非藥物的好眠祕訣和習慣，來提升自己的睡眠品質。比方，忙了一整天，記得給自己放鬆的時間，不要把電子產品帶到臥室，臥室要保持幽暗和安靜（如果有需要可以用耳塞），盡可能維持在有點涼爽的氣溫，採用洋蔥式蓋被法，隨時讓自己感到舒服。做好自我照顧，確保你有最良好的睡眠。

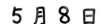

5 月 8 日

　　有時候，身體比腦袋更清楚你的心情。如果你不確定自己當下的心情，先跟你的身體確認一下。你的頸部、肩膀、雙手、胸部、腹部、腸胃和雙腿有什麼感覺呢？用心體會你身體的感官，允許你自己去感受，有助於你辨識當下的情緒。你現在是什麼心情？

5 月 9 日

　　「說什麼快樂是自私的，不快樂才是無私的，根本是在誤導大眾。讓自己快樂，明明才是更無私的。你要有能量、雅量和自律，才能永遠保持輕鬆愉快的心情，但大家似乎都以為快樂的人沒什麼特別的……加上快樂看起來是如此的自然，大家便覺得不值得讚賞。」

葛瑞琴・魯賓 (Gretchen Rubin)
《過得還不錯的一年》（The Happiness Project）

5 月 10 日

　　每天早晨的自我照顧儀式，可以為你創造生活的平衡和意義。常見的早晨日常儀式，包括花時間閱讀好書，練習冥想，健身或寫日誌。基本上就是透過愛自己，讓自己一整天都生氣蓬勃，大為振奮。你也有自己的早晨儀式嗎？

5 月 11 日

我是完整的，我是有創意的，我就是我。

I am whole, I am creative, I am me.

5 月 12 日

痛苦和苦難無所不在，但世上還有愛、慈悲和和平，這就是所謂一陰一陽缺一不可。如果沒經歷痛苦，便無法感受愛、喜悅和平靜的美好。

無痛的人生固然好，但痛苦可以是當頭棒喝。當我們不小心碰到高溫的爐子，痛覺會提醒我們立刻抽手，抽手是身體反射動作，不需要大腦多想。情感傷痛也有同樣的功能，只不過我們歷經情感傷痛時，不一定會想到該做出改變了。你現在的生活中有沒有高溫的爐子，正在提醒你趕快抽離呢？

5 月 13 日

當你犯了錯，你能不能別急著下定論？如果換成是你朋友或你同事犯了錯，你又會有什麼反應呢？

結果難免會不如預期，多數人都會幫自己的錯誤找藉口，畢竟自己的心意，只有自己最明瞭，但如果是無法愛自己的人，可能會待人寬，律己嚴。

每當你自己或身邊的人犯了錯，注意你的反應。如果你想要發怒，試著練習慈悲心。

5 月 14 日

想像一間收藏稀有畫作的博物館。這間博物館會如何保護這些無價之寶呢？有什麼保全措施呢？有什麼科技可以讓這些畫作毫髮無傷保存下來？

你就跟這些藝術品一樣稀有，世上沒有其他人跟你一模一樣。你的價值是無法衡量的。想一想，你會如何照顧自己？你跟其他人之間會設下什麼界線，妥善保護這個獨一無二美好的自己？

5 月 15 日

自我貶抑的陰影經常在攻擊我們、在辱罵我們。我們太習慣在腦中塞滿了負面批評，完全不管這些批評公不公平、或者正不正確。

下次當你再發現自我貶抑的陰影，不妨想像它們正在對你所愛的人說出惡毒的話，你內心會有什麼感受？

當你看見自我貶抑的陰影正在傷害你所愛的人，你很可能會感到挫敗。比方說，你會想要挺身而出，讓口出惡言的人明白，你所愛的人不容被傷害。當陰影再對你發動攻擊時，你也可以為自己做相同的事。

5 月 16 日

你夜晚躺在床上的時候，花十分鐘回想值得感謝的事情。先從你的身體開始，把身體每個部位全部想過一遍，讚嘆它們所做的一切，然後延伸到值得你感謝的人，以及生活中令你寬慰的事情。

5 月 17 日

「失敗，不一定是錯誤，很可能只是當下最好的結果；
真正的錯誤，其實是停止嘗試。」

B. F. 史金納（B. F. Skinner）

5 月 18 日

　　我們之所以會抱怨我們看不慣的人，十之八九是在他們身上發現了我們看不慣自己的地方。現在試著正面回應你身上的這些特質。你大可承認你想改變它，但你還在努力。你也可以重新評估這個弱點或缺點，確認有沒有你想像的那麼負面。給自己幾分鐘冥想的時間，想一想你抱怨的那個人；現在你對於他有沒有不同的感受呢？為什麼？

5 月 19 日

　　有一個超級業務員希望自己每年可以賣出 100 萬美元的產品。

　　他相信，只要他達成這個目標，人生就會圓滿。他達成目標的那一天，總算可以慶祝一下下了，他整個人熱血沸騰，但喜悅只持續一天，他就開始失落。

　　當我們很高興自己達標了，確實值得慶祝，但真正持久的喜悅必須在過程中尋找，而非在目的地尋找。無論你追求什麼目標，一定要花時間慶祝一路上小小的勝利，以及你學到的經驗。

5月20日

「很多人只是活著，卻沒有感受到活著的奇蹟。」

一行禪師（*Thích Nhất Hạnh*）
《*正念的奇蹟*》（*The Miracle of Mindfulness: An Introduction to the Practice of Meditation*）

5月21日

　　大家都想要避免情緒波動，尤其是刻意避開痛苦，於是就乾脆麻痺情緒，讓自己毫無感覺。今天來練習正念吧！覺察自己什麼時候會想要麻痺情緒。愛自己，就是接納你所有的情緒，擁抱自己的脆弱。

5 月 22 日

　　我們的念頭，無論是正面或負面，都會影響我們的身體，影響我們跟其他人的互動關係，以及影響我們周圍的空間。當你對自己有負評，覺察你的內心有什麼感受。你會更開心嗎？你會更有動力把自己變好嗎？還是會妨礙你進步呢？

　　今天寫下對自己的正面評語，大聲朗讀出來，感受內心升起了什麼情緒；這跟你給自己負評的感受有什麼不同呢？記下你今天的體驗。

5 月 23 日

　　弗瑞德・羅傑斯（Fred Rogers）上台領取終身成就獎，他用手錶計時 10 秒鐘，邀請在場觀眾一起花 10 秒鐘回想生命中的貴人。哪些人幫助你成為現在的樣子？今天我們來效仿他，給自己 10 秒鐘思考，人生旅途中誰幫了我們，讓我們成為現在的自己。

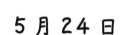

5 月 24 日

　　今天來感受冥想的神奇力量！只要秉持愛自己的原則（勇氣、信任、韌性、成長、寬恕、同理、滋養、真理和連結），冥想就可以幫助我們建立更穩固的連結。你可能還不熟悉冥想的方法，但現在有很多書、App、網路影片和課程都在教大家冥想，你家附近搞不好就有冥想課程。再不然，花時間安靜的坐著，保持平靜，眼睛張開或閉上都可以，任由雜念來來去去，跟隨屬於你自己的呼吸節奏。冥想，也可以那麼的簡單。

5 月 25 日

我選擇了生活。

5 月 26 日

　　走出舒適圈，其實也是愛自己。這會讓我們成長，發現自己更多的力量和能力。今天給自己一個挑戰，找一個陌生人或泛泛之交，了解關於這個人的三件事，試著跟他建立關係，說不定你會開啟或深化一段友誼。最後花一點時間記錄你的收穫。你有沒有更認識自己一點呢？

5 月 27 日

　　正直就是無論有沒有人在看，你都會言行如一。當我們依照自己的價值觀或承諾而行，我們會更容易愛自己。如果沒有做到，自我貶抑的陰影就會自動冒出來，痛罵我們一番。但如果有做到，我們會感受更強烈的能量流動，也會有更強的自信心，一點也不害怕讓自己發光。

5 月 28 日

　　你有在使用電子產品，就知道電子產品遲早會沒電，會需要充電。電子產品沒電的時候，我們並不會痛罵它，也不會浪費時間羞辱它，反之會趕快找插座充電。

　　當我們遇到自己沒電了，不一定會對自己這麼好，反而經常會羞辱自己，或者怪自己「太弱了」，但其實我們只是需求尚未獲得滿足。今天，如果你覺得無力，不妨換個角度看，把它解讀成你需要充電。想想看你可以怎麼幫自己充電呢？例如散個步、打個盹、做腳底按摩或頭皮按摩。

5月29日

「冥想不是要創造狂喜或禪定的狀態，而是要享受存在。」

丘揚創巴仁波切（Chögyam Trungpa）

5月30日

我喜歡迎接挑戰！

5月31日

　　韌性是我們從面臨挑戰和克服挑戰的過程中，甚至從創傷事件逐漸養成的復原力。韌性就好像功夫電影常有的橋段，有人被擊倒，但是很快又彈起來，那個人能夠做到這樣，身體和心理都受過大量的訓練。

　　你覺得你的韌性有多大？你的情緒和身心靈有辦法馬上彈回來嗎？還是說，一旦你被擊倒了，就會陷入憂鬱和焦慮無法自拔呢？無論你的韌性有多大，你都可以讓自己變堅強！

　　當你開始培養自己的韌性，有一些關鍵練習會助你一臂之力。舉例來說，察覺負面思考，然後反制它、轉化它。培養感恩的心。尋求生命的意義，讓自己一路過關斬將。記錄自己各個時期的韌性程度。當你這麼做，你會對自己更有愛，耐心和慈悲心。記住了，你是在培養自己的韌性，而不是在檢驗它。

6月
June

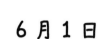

6月1日

有一個愛自己的好方法，那就是向別人求助，請別人來滿足你的需求，比方給你一個擁抱，聽你說說話，給你一些意見，或者找機會一起出去走走。

你可能覺得找別人幫忙不太好，所以猶豫再三。今天練習展現你的脆弱，多給自己一次機會吧！

6月2日

我寧可冒著被看見的危險，因為，我是有價值的人，我對這個世界可以做出很大的貢獻。

6月3日

　　我們並無法強逼別人展示脆弱。如果不營造一個充滿支持的安全環境，又怎麼能夠期待別人敞開心胸，分享個人的內心狀態呢？同樣的，如果有人要你在團體裡或私底下分享個人經驗，而你無法安心說出口，你絕對有權利說不。愛自己，不只是敞開自己，也要懂得保護自己。如果你想更貼近別人，那就先提升你們關係的安全感吧！想一想，有什麼方法可以把你最在意的關係，變得更令人安心。

6月4日

「你會在意想不到的地方發現勇氣。」

J. R. R. 托爾金（J. R. R. Tolkien）

6月5日

讓自己盤坐在地上，兩手手掌心朝上交疊，閉上眼睛呼吸。

現在想像你無條件愛自己真正的樣子。享受這份溫柔、關懷且慈悲的愛，感受它的溫暖。覺得自己是珍貴的生命，所以珍惜並尊重自己。你的決定不受自我貶抑的陰影所左右，只順從自己的真理和力量。你對自己的天賦和能力有信心，樂意跟全世界分享。盡情感受你對自己的愛，以及這為生活帶來的改變。

6月6日

謙卑是我們練習愛自己的關鍵，讓我們看見自己和別人的人性。

謙卑跟自我貶抑不同。自我貶抑會一直說我們不值得被愛，不值得擁有歸屬感。如果我們開始有防衛心、變得退縮、或者怪罪自己，很可能是困在自我貶抑的陰影中，而不是真正的謙卑。謙卑只會認清自己並不完美，但仍會持續努力變得更好。今天，你要謹記於心，謙卑和自我貶抑是不同的。

6月7日

　　練習感恩有很多方法，其中一個便是寫下你感謝的三件事，以及你感謝的原因。你想要寫在哪裡就寫在哪裡，譬如筆記本、社群媒體、餐巾都可以。「原因」的部分必須認真寫，這樣你才會深思並重視你感恩的事情，說不定還會換個角度欣賞你寫下的人與經歷呢！

6月8日

　　親穆儀大師（Sri Chinmoy）說：「笑吧！在你心裡盡情的笑吧！你的微笑可以大大減輕你內心的糾結。」笑一笑，壓力荷爾蒙皮質素和腎上腺素會變少，但腦內啡、血清素和催產素會變多。今天記錄你笑了幾次，單純只是好玩。挑戰一下，讓自己今天笑超過 50 次，看看會有什麼不一樣！你對自己的微笑，當然也可以算進來。如果你對別人微笑，注意看他們有沒有報以微笑。微笑是會感染人的。

6 月 9 日

　　同理心也包括換位思考，也就是願意從別人的觀點出發來思考整體情況，即使不同意別人的看法，仍願意理解別人為什麼會這麼想。今天，如果你跟別人意見不合，先確認這是個人分歧，還是專業分歧。當你發現自己跟別人的看法不同，暫時從別人的觀點來看待事情，就算最後你還是堅持己見，你仍有可能想到該怎麼化解或妥協。當你使用這個練習化解僵局，不妨觀察你對自己的感受。

6 月 10 日

　　愛自己不是用美肌濾鏡自拍。真正的愛自己，是對自我的尊重與愛，接納自己怪異而獨特的個性美。試著拍出一些你「不修飾」的瞬間和表情。

6 月 11 日

「跟敵人對抗很需要勇氣，但是跟朋友意見相左更需要勇氣。」

J. K. 羅琳（J. K. Rowling）
《哈利波特－神祕的魔法石》（Harry Potter and the Sorcerer's Stone）

6 月 12 日

　　別讓你的思緒一直在貶抑你。當你發現自己的心走偏了，那就溫柔的導正它！你只要承認你有自我貶抑的感受，但不要自責。

6 月 13 日

　　值得信任的人，永遠是真實的。我們看到的是他真正的樣子，他不會假裝，也不想變成任何人。

　　大家通常不太敢做自己。當我們展現真實的自己，可能會擔心別人不同意我們的意見，怕別人會嘲笑我們的決定，但如果就這樣臣服於恐懼，其實會讓焦慮爬到我們頭上。戴別人的假面具，受傷的終究還是自己（也可能傷害別人）。

　　唯有做自己，才可能獲得別人的信任，跟周圍的人建立更緊密的連結，也不用承擔假扮別人的壓力。做自己，不一定就一帆風順，但絕對值得你冒險。

6 月 14 日

「一旦你懷疑自己沒有飛行的能力，你就永遠飛不起來了。」

J. M. 巴里（J.M.Barrie）
《彼得潘》（Peter Pan）

6 月 15 日

　　人生充滿大大小小的挑戰，克服挑戰當然很令人開心，但即使挑戰失敗或必須認輸，也可以學到很多東西（甚至學到更多）。你有沒有曾經試著迎接挑戰呢？就算過程不順利，你也沒有放棄努力。當你重新站起來再接再厲，你對自己有什麼新的理解嗎？你從那段經驗成長了多少？

6 月 16 日

　　你有什麼事一直做不好嗎？那就來精進自己吧！比方報名工作坊、去學校上課、請老師指導。找一件你想要學習或精進的事情，想想看你可以去哪裡深造呢？今天就踏出第一步，去提升你的能力，看你是要報名課程，搜尋線上課程，或是找一個家教。

6 月 17 日

　　嫉妒和比較會偷走我們的喜悅。當我們看到別人的房子比我們大，賺的錢比我們多，開的車比我們豪華，或者擁有明星般的身材，我們自我貶抑的陰影就會開始利用這些東西來「證明」我們有問題，我們不夠好。但真的是這樣嗎？當我們困在這種陷阱，我們會失去多少的喜悅呢？當我們花時間跟別人比較，我們還能夠完成什麼事呢？

6 月 18 日

「我這個人就是倔強，從來不屈服於任何人的意志。
每次有人想恐嚇我，只會讓我變得更勇敢。」

珍‧奧斯汀（Jane Austen）
《傲慢與偏見》（Pride and Prejudice）

6 月 19 日

我可以放下。

I can let it go.

6月20日

　　一行禪師教大家說這四句「真實同在的宣言」，可以幫助你跟所愛的人建立更深層的連結。

　　　　親愛的，我在這裡陪你。

　　　　親愛的，我知道你在那裡陪我。

　　　　親愛的，我知道你在受苦。

　　　　親愛的，我也在受苦，但我有努力了，我需要你的幫助和理解。

　　這四句簡單而有力量的話語，也可以對你自己說，練習對自己的慈悲心。現在就試著用這四句話跟自己對話吧！

6 月 21 日

　　光是說出自己的感受，就有一股力量，可以大大緩解你的情緒刺激。下次你再有強烈的情緒，譬如憤怒、恐懼、喜悅或悲傷，不妨大聲說出來：「我當下覺得……」當你說出當下的情緒，覺察你身體有什麼反應。

6 月 22 日

　　對於達賴喇嘛來說，慈悲心是可以同情自己和別人的苦難，衷心期望世間別再有苦難，並承諾讓眾生離苦得樂。擺脫苦難是人的本性使然。我們不想要痛苦，每當看到所愛的人受傷，我們會想要伸出援手，做一些事情來減輕痛苦，就算只有一下子也好，因為我們愛那個人，我們對他許下了承諾。

　　現在試著對你的傷口做相同的事情。對你自己許下承諾，下定決心要溫柔慈悲的對待自己，減輕自己的痛苦。

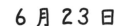

6 月 23 日

　　我覺得我的生活豐盛又圓滿。我看見上天賜予我的禮物，我允許自己感恩我所擁有的一切。

6 月 24 日

　　今天來進行慈悲色彩練習，隨時隨地打造慈悲的能量場！首先，用放鬆的節奏吸氣和呼氣。你每吸進一口氣，都會更加的舒服、放鬆。當你準備好，想一個你覺得跟慈悲或慈愛有關的顏色，由你自己決定。

　　現在想像這個顏色在你腦中升起，就像天空的一朵雲，宛如雲霧般的包圍著你。你把這個顏色吸入體內，感受它流過你全身，從頭部到你的腳趾和手指。想像這個顏色流經你全身和你的周圍，可以保護你，讓你更有力量展現慈悲和慈愛。

　　每次你覺得不夠善待自己，就讓這種慈悲的能量包圍著你。

6 月 25 日

　　回想你克服難關或挑戰的經驗，鼓起勇氣跟別人分享這個故事。勇於冒險吧！不要怕展示脆弱。

6 月 26 日

「黑暗無法驅除黑暗，唯有光明可以；
仇恨無法驅除仇恨，唯有愛可以。」

馬丁・路德·金恩（*Martin Luther King, JR.*）

6 月 27 日

　　我們絕對不要放棄被欣賞、被接納、被肯定、被照顧或被看見的需要。當我們認清自己有不容妥協的需要，才不會因為自己需要愛與感情，就隨便貶抑自己；反而以健康的方式滿足自我需要，展現我們勇於冒險以及滿足自我需求的勇氣。

6 月 28 日

我有需要是正常的，這表示我還活著。

6 月 29 日

如果你想改變自己的心態，讓你相信自己可以達成目標、學習並成長，那就要提防自我貶抑的陰影，以免你老是聽到失敗主義的謊言對你說三道四、說你一無是處。

拿出一張紙，寫下這些負面訊息，看一看你寫的東西，馬上翻到背面。現在不要浪費時間反芻這些負面訊息了，反之你要在背面寫下相反的訊息，寫完就大聲念出來，覺察你內心有什麼感受，這時候你在另一面寫的謊言有沒有很想爬出來，粉碎你的正面訊息呢？你只要默默的覺察就好！你比較想相信正面還是負面的訊息？哪一種訊息才可以喚起你的愛、喜悅和希望？

6月30日

　　人腦有一個部位叫做前扣帶皮層(ACC)，有調節情緒的特殊功能，還可以幫助我們做決策，你不妨想像成汽車的排檔。

　　現在想像一下，你跟所愛的人有一件大事要做，正當你要走出門的時候，電話響了，你所愛的人臨時有急事，沒辦法跟你去了。如果能量和血液有順利流到前扣帶皮層，人腦就會快速換檔。但如果前扣帶皮層沒有全速運轉，換檔就可能失敗，以致你敵不過自己的執念，一會焦慮，一會生氣，也無法想清楚下一步該怎麼做。

　　當你認清身體的感受，釐清伴隨而來的情緒，你就可以強化前扣帶皮層。神經科學研究證實，每天只要花 5 分鐘做這件事，就會有顯著的進步。沒錯，就是那樣！做一點正念冥想，有助於你強化前扣帶皮層，讓你更靈活的管理情緒，避免情緒大起大落。今天就開始做吧！

7月
July

7月1日

「如果你希望別人快樂，練習慈悲心吧！
如果你希望自己快樂，也練習慈悲心吧！」

達賴喇嘛（Dalai Lama）

7月2日

大家都想避免情感創傷的痛苦，包括被拒絕、被虐待、被忽視，這種抗拒幾乎是無意識的反應。我們為了避免自己受苦，一磚一瓦築起一道牆，到頭來卻發現自己蓋了一座監獄，只留下一扇窗可以看到窗外的世界。

當你發現這座監獄時，恐怕就快窒息了，但我們可以又一磚一瓦拆了它。

7 月 3 日

　　愛自己最好的方式之一，就是跟別人建立健康的連結。今天你可以跟誰連結呢？可能是一個素未謀面的人喔。今天敞開心胸，找一個友善的陌生人，對了，你也可以成為別人友善的陌生人，讓那個人也建立起健康的連結。

7 月 4 日

「真正的勇氣是早知道自己會輸仍執意去做，
　　而且不管發生什麼事，都把它做到底。」

哈波・李（Harper Lee）
《梅岡城故事》（To Kill a Mockingbird）

7月5日

我們每個人都犯過錯，有些錯誤傷害了我們最愛的人，動不動就被挖出來講，可能是對方主動挑起的，也可能是我們的思緒勾起的，讓彼此一下子陷入自我貶抑和批評之中，這對於你所愛的人或自己都沒有好處。

下次你再一直懊悔過往的錯誤，不妨擁抱這種不舒服的感受，勇敢為自己的行為負起責任吧！想想看該如何滿足對方當下的需求，給予他安慰或支持，有時候他會拒絕你，那也沒關係。等到他願意接受了，你就盡量去做！

多練習寬恕自己，你會越懂得跟你所愛的人相處。

7月6日

當你開始練習善待自己，可能會有奇怪、不安或可怕的感覺。做沒做過的事情是需要勇氣的，畢竟沿襲過去的模式會比較安心自在，這也難怪你會寧願原地打轉。現在給自己時間做出改變，把善待自己變成自然而然的事，再來慶祝一番！

7 月 7 日

你是慈悲戰士。你正在強化你的能力，包括愛、仁慈、耐心和韌性。你站在光明的那一方，避免自己落入自我貶抑的陰影。你追尋讓你有歸屬感的群體；你練習設定人我界線；你身邊的家人都很注重身體保健，而且都是愛自己的最佳典範。你願意擁抱痛苦，讓自己成長。你有能力賜予這個世界幸福。

7 月 8 日

所謂的情緒智商，就是對於自己的情緒有覺察、控制和抒發的能力，同時要秉持同理心、公平性和信心來跟別人互動。情緒智商跟一般智商同等重要，甚至更重要。

當你開始培養情緒智商，你會對自己的感受更敏銳，更有能力去控制它。第一步就是覺察你內心的感受，當你熟悉的情緒詞彙愈多，就愈能夠掌握你的情緒。

7月9日

「當你能感謝那段經歷，才是真正的釋懷。」

歐普拉・溫芙蕾（Oprah Winfrey）

7月10日

　　允許自己展現脆弱，就像在釣魚。漁夫撒網，有可能連一條魚都沒抓到，枯等一整天，半條魚也沒見到。不過，漁夫也可能捕到一整船的魚，這是誰也說不準的事情，但唯一可以確定的是，如果不撒網，絕對捕不到任何東西。

7 月 11 日

大家經常誤以為冥想就是把腦子全部清空。如果帶著這個錯誤的信念去冥想，很容易放棄，因為你一閉上眼睛，冥想幾秒鐘，雜念就會沒來由的冒出來：晚餐吃什麼？我是不是忘了交作業給老闆？我最好的朋友不知道在搞什麼鬼？當腦子閃過這些念頭，大家就以為自己做錯了，但其實不然。

就算發現自己浮現雜念，仍可以把注意力拉回冥想上，每次轉移注意力都是在建立神經連結，加強你去學習、去創造和去放鬆的能力。

下次你再嘗試冥想，一旦腦中閃過任何雜念就祝賀自己：「我做對了！」然後繼續回到冥想。

7 月 12 日

現在有一些 App 和直播主持人都在帶領愛自己的冥想，例如 Insight Timer，找一個來聽聽看吧。

7 月 13 日

「人生是如此的短暫，快樂稍縱即逝，痛苦在所難免，每個人必有一死。有了這種覺察，我們會更善待彼此，更體貼彼此。有了這種感受，大家會盡量幫助人生路上的同行者，讓彼此的旅途更明亮，更順遂。這麼做會深化彼此的關係和理解，既然大家生死同路，不妨多互相體諒。」

克拉倫斯·丹諾（Clarence Darrow）
《丹諾自傳》（The Essential Words and Writings of Clarence Darrow）

7 月 14 日

對西方文化而言，贏了才值得慶祝。想想看你身邊有什麼例子，把關注的焦點擺在贏家，無意中排除了輸家。贏，成了文化期待，催促我們去征服別人。

沒錯，這是在督促我們變得更好，但問題是我們不一定會贏。每個人都會犯錯，有時候使出洪荒之力仍可能跌跤。如果我們覺得非贏不可，自我貶抑的陰影就會跳出來，提醒我們還不夠好。

有一種強效藥可以根治輸贏症候群。從此以後，別再顧著跟別人較勁了，你要把注意力放在自我成長上，努力實現最好的自己，同時跟別人建立連結。當你不再去評斷優劣，交朋友會容易多了。

7 月 15 日

「當你朝向真理邁進，心生恐懼是很自然反應。」

佩瑪‧丘卓（Pema Chödrön)
《當生命陷落時》（When Things Fall Apart)

7 月 16 日

我帶著愛，為我的信念挺身而出。

7 月 17 日

　　你對每個人的信任程度，都可以想像成一個豆罐子。如果那個人行事可靠，超乎你的期待，豆子會一直增加，直到塞滿整個罐子。

　　一旦關係中出現背叛，豆子會一下子倒光光，於是破壞信任的人必須設法重建信任，一次加回一顆豆子。做愈多真誠的事情，就會有愈多豆子加回來。

　　如果你突然發現，人生中幾個信任罐的容量變少了，該是找那個人聊一聊，也是你跟自己核對的時候了。對於人際關係秉持高標準，並不會造成你的匱乏或困難。對別人要求高一點，也是愛自己的一大重點。

7 月 18 日

　　黑巧克力富含營養價值，其抗氧化物質是綠茶的三倍，不僅可以降低膽固醇和血壓，還會釋放腦內啡，令我們開心。黑巧克力也有大量色胺酸，這是不可或缺的胺基酸，讓人腦製造一種令人開心的神經傳導物質，稱為血清素。從今天開始，每天喝一點黑巧克力，給自己微笑。你是在做對身心有益的事情。

7月19日

我是有韌性的，跌倒了，還會再爬起來。

7月20日

「小豬發現了，雖然他的心臟非常小，但這顆心放得下
很多很多感恩的心。」

A. A. 米恩（A. A. Milne）
《小熊維尼》（Winnie-The-Pooh）

7 月 21 日

我們的糾結、傷口、重擔或挑戰，並不會妨礙我們成為最好的自己，唯有失去希望才會如此。有時候我們不相信自己會變好，很容易自己放棄自己；我們或許無力改變境遇，但絕對有希望、夢想和想像的能力。

7 月 22 日

伸出一隻手，手心朝上，對你自己說：「**我知道我是誰。**」連續做幾次。現在伸出另一隻手，手心朝上，對你自己說：「**我知道我不是誰。**」也連續做幾次。現在把另一隻手蓋住這隻手，然後說：「**這構成了我，我自己。**」

7 月 23 日

拿出日記本和計時器，設定 15 分鐘，開始寫一段痛苦的經歷，你不太願意回想的事情，比方創傷、挑戰或苦惱的記憶。過了 15 分鐘，把日記本合上，隔天再回來書寫同一段經歷，就這樣，試試看有什麼改變。

7 月 24 日

　　找到自己的使命，喜悅和滿足感都會大增！問自己，有沒有哪一個族群、目標或組織，讓你想要服務呢？去聯繫他們，看看你可以幫上什麼忙。

7 月 25 日

　　當我們覺得自己值得信賴，就會更有信心讓真正的自己現身，被大家看見。有時候我們可能深受冒名頂替症候群（imposter syndrome）所苦，這是一種常見的心理症狀，不斷懷疑自己，說自己是冒牌貨，但明明足以勝任手邊的任務。如果想擊退冒名頂替症候群，最好去質問自己：「**真的是這樣嗎？**」去挑戰自我懷疑和自信心不足。

　　你宣稱自己是假貨的說詞，只要有絲毫的謊言，你都可以敲進一塊楔子，粉碎那個謊言！然後問自己：「**什麼才是真的？**」透過質問會更加貼近現實。你也會找回信心和真誠，站在更好的立足點上。

7 月 26 日

想像你搭乘時光機，回去尋找更年輕的自己，這是你跟當時的自己說說話，展現愛與慈悲的機會。你帶著這些年來的經歷回去，有什麼可以為他打氣的呢？

7 月 27 日

聽別人的評語，想必是人心最脆弱的時候，但這種機會很多，比方去求職、去考試、去參加運動比賽選拔，就連滑一滑約會 App 也要接受品頭論足。我們太想把事情做得更好，也深怕被拒絕受傷，但是很弔詭，聽別人的意見確實可以幫助我們進步。

練習愛自己吧，傷口愈刺痛的時候，愈應該愛自己，否則你會無法謙卑而勇敢的重新站起來再接再厲。問一問你自己：**該如何善用別人的意見，讓我變得更好呢？**

7 月 28 日

寫一句正面肯定語。你可以翻一翻這本書，找一句最有共鳴的，或者上網找一找，甚至自己寫一句。每天至少要對自己大聲說 10 次。

7 月 29 日

一個四歲小孩講不聽，沒事就跑去街角玩，他媽媽心灰意冷，開始瘋狂咒罵他：「我到底要跟你說幾次，你才不會跑去街角？」媽媽這樣對孩子大吼大叫，顯然是在擔心孩子的安危。

小孩回：「媽，妳說過很多遍了，但什麼是角呢？」

媽媽頓時怒氣全消，她猛然驚覺，原來小孩子一直都不清楚她的期待。

當我們不了解某件事，不太清楚狀況，搞不好會惹毛別人喔！不妨鼓起勇氣問清楚吧！

7月30日

我們犯了錯，往往會把來龍去脈解釋過一遍，希望別人能夠諒解，但如果換成別人犯錯呢？覺察你內心會有什麼感受。你會懷著慈悲心，還是急著責備別人呢？如果你有責備的傾向，你的內心往往潛藏著自我貶抑的陰影，就連你自己犯錯，也會自責不已。每個人都希望獲得別人的諒解，但如果一個人不善待自己，便無法以慈悲心待人。多練習愛自己，越不會去批評或評斷別人。

7月31日

「當你覺得自己經歷了人世間空前的痛苦和心碎，那就靜下心閱讀吧！這些痛苦和心碎都是一本本的書，你看了就會明白，那些折磨你最深的事情，牽起了你跟所有在世者和往者的連結。」

詹姆斯・鮑德溫（James Baldwin）

8 月

August

8月1日

　　小男孩去看彼得潘舞台劇首演，看完了，大家問他最愛哪一個片段，海盜、狗或者在空中飛的孩子呢？那個男孩卻回答，他最愛的是把節目單撕成碎片，讓紙片像雪花似的，撒落在陽台底下的行人頭上。

　　彼得潘的作者詹姆斯·巴里（James Barrie），聽到這個回應忍不住笑了。他一點也不認為這是對他的人身攻擊，反倒覺得這個淘氣男孩跟主角彼得潘有點像。

　　每當有人批評或忽視你的作品，你不知不覺會內化別人的意見，甚至看成人身攻擊。然而，所謂善待自己，就是試著跨出這一步，別再認為別人的意見是針對你個人。你可以選擇從慈悲心和愛出發，來對待自己和別人。別人的批評，有很多時候是針對他們自己，而非針對你。

　　今天，無論別人對你說什麼，你都要想成「對事不對人」。

8月2日

「去愛，你就會變得脆弱。凡是去愛，一定會心如刀絞，還可能心碎。如果要讓你自己的心毫髮無傷，千萬不要隨便把心交給任何人，就連動物也不行。你要用很多的嗜好及享受把它小心翼翼包好，避免任何情感的拉扯，把你的心封鎖在獨善其身的棺木裡。然而，心待在那個安全、黑暗、靜止和真空的盒子裡，會慢慢變質。雖然不會心碎，卻會變得牢不可破、麻木不仁、僵化不變。」

C. S. 魯易斯 (C. S. Lewis)
《四種愛》(The Four Loves)

8月3日

不去問：我哪裡做得不好？

去問：我哪裡做得好？我如何強化那些美好的特質？

8 月 4 日

你有沒有認真想過，自我貶抑也可能帶來正面的影響，持續激勵你成長呢？自我貶抑的陰影之所以給人嚴厲的感覺，是因為我們非要達成目標不可，以致時常感到失敗。你生命中有沒有遇過睿智、老練又有愛的人，曾經鼓勵你去達成目標呢？

花一點時間想想看，你聽過或讀過哪些最振奮和激勵人心的話語。寫下來，貼在你經常會看到的地方。

8 月 5 日

「該如何表達同理心呢？這有點複雜，有點費神，
同理心是堅強的表現，也是細緻而溫柔的存在。」

卡爾・羅傑斯（Carl Rogers）

8月6日

　　研究證實，光是回想我們跟他人連結的經驗，可以激發我們的慈悲心。今天，無論你去哪裡，環顧你的周圍，有沒有什麼事情會讓你想起跟別人的連結呢？

8月7日

「不是因為我很聰明，而是因為我跟問題耗得夠久。」

亞伯特・愛因斯坦（Albert Einstein）

8 月 8 日

　　我們容易陷入自己的情感創傷，但如果太執著，反而會忘不了那個傷害我們的人，痛苦揮之不去，然後苦苦追問無解的問題：「為什麼這種事會發生在我身上？」然而，更應該去問的是，「這個傷口如何幫助我愛得更義無反顧，並且把身邊的美好看得更透徹？」

8 月 9 日

　　趨光性是科學名詞，意指生物會受到光的吸引。花有趨光性，所以會隨著天上的太陽擺動。

　　人也是有光就會長得好的生物，自然而然想親近任何會燃起希望、散發喜悅和煥發愛的人事物。愛自己，就是擁抱你的趨光性。今天，去親近任何可以照亮你這一天的人事物吧！

8月10日

「能夠激怒你的人，就能夠控制你。」

艾彼科蒂塔斯（*Epictetus*）

8月11日

我不再奢望自己完美無缺，我會對自己有耐心。

8 月 12 日

「唯有勇氣，可以讓生命的泉源散發緋紅的光輝。
勇敢的活著，面對逆境時，表現出勇敢的樣子吧。」

賀拉斯（Horace）

8 月 13 日

　　運動員很仰賴視覺想像，想像自己正處於最佳身體狀態，想像自己贏了或完成比賽。你也可以做同樣的事，想像自己是一個更仁慈、更勇敢的人，試看看會不會改變你的想法。

　　現在閉上眼睛，慢慢地呼吸。想像你站在自己的面前，是一個慈悲、仁慈又體貼的人，想像這樣的你會看到什麼，會聽到什麼，會品味到什麼，會有哪些五感和情緒，盡量想像得生動一點，等你想像完畢，跟那個想像的你合而為一，讓你想像的一切成為你的一部分。把這份想像吸納到你體內，寫下這個造句：

　　　　我現在更 ＿＿＿＿＿＿＿＿＿＿ 了。

8 月 14 日

我讓自己的行為跟價值觀保持一致。

8 月 15 日

當我們學會對自己寬容，
就會更容易對別人發揮同理心。

8月16日

　　身邊難免會有幾個觸怒我們的人，總是故意惹人發火。有時候，你不得不跟這種人打交道，內心卻想逃得遠遠的、不予理會，甚至給他們難堪。然而，當你開始練習愛自己，反而會從這些情況更加認識自己。想一想，跟這種人打交道，會牽動你哪一個情感創傷呢？打個比方，這種人靠近你，可能會挑起你對自己的負面看法，勾起你對過去某個人的回憶，或者讓你看到你討厭自己的特質。

　　如果你有想過這些可能的原因，你可以更準確掌握你和這個人的關係，說不定你會猛然驚覺，原來你一直沒有用最真誠準確的角度，來看待這個人或你自己。換個角度看吧！你對這個人的感受有沒有改變呢？

8月17日

有一位歌手擁有一副好歌喉，經常抽空到附近的護理之家辦小型演唱會，其中一場演唱會很特別，歌手唱到一半，有一位虛弱的女聽眾也跟著唱，這對歌手而言並不少見。但是歌手注意到，有很多聽眾竟然邊聽邊拭淚。等到演唱會結束，他跟在場的人握手，一位賓客主動給他一個擁抱，她說，那位跟著唱的人是她母親，她母親在幾年前中風了，從此無法用言語溝通，這麼多年後，大家第一次聽到她開口。

這就是音樂的偉大力量。電影和影集都需要配樂來激發情感。音樂會感動人心，帶給人各式各樣的感觸，包括興奮、愛和喜悅。音樂是共同的語言，比任何團隊的凝聚活動更能夠凝聚大家。

今天發揮音樂的力量吧，聆聽會讓你喜悅、舒緩或振奮的音樂。盡情享受音樂帶給你的感動！

8 月 18 日

唯有懷抱著希望，才能夠展現韌性，並且好好愛自己。花時間回答這幾個問題，把答案寫在日記本上。你對什麼懷抱著希望呢？你人生中曾經絕望過嗎？你還會感到絕望嗎？如果不會了，到底是什麼改變了？當你懷抱著希望，你為什麼會更有韌性與愛呢？

8 月 19 日

每當有人訴說自己的人生困境，比方擔憂、憂愁或沮喪，我們會立刻關閉耳朵，切換到問題解決模式。我們為對方擔心，當然是出於慈悲心，但言下之意卻是我們不相信他會自己找出路，尤其是當對方沒有主動開口，我們就急著幫忙。其實有很多時候，對方只是需要一個傾聽者。

更進一步想，我們深怕自己不出手解決問題，會顯得我們很惡毒，所以我們是為了保護自己不被批判。

以後有人跟你分享他難過的事情，注意你會不會急著解決問題。先別急著想答案或找解決辦法，給自己一個深呼吸，用心聆聽就好。

8月20日

「我不問別人受傷是什麼感受，我讓自己去體驗受傷的感受。」

沃特・惠特曼 (Walt Whitman)
《自我之歌》 (Song of Myself)

8月21日

列一張清單。你最喜歡自己哪些特質？你有哪些才能？你有什麼特別的？

把這些問題想清楚，可能需要一點時間，所以不要貪快喔！你現在可以想到什麼就先寫下來，之後還有想到別的再補充。把這張清單放在身邊，每當你想起你欣賞自己的地方，或者發現你新的優點，就繼續補上去。

8月22日

如果你有注意聽小孩子玩遊戲，可能會聽到他們說「重來」或「再來一次」，想必是遊戲結果不順他們的意，所以他們想再給自己一次機會。

我們練習善待自己的過程中，口中仍會冒出不夠慈愛的話語，這時候可以學一學玩耍的小孩子，對自己說「重來」，立刻切換成適當的回應。我們或許無法改變過去，卻能夠給自己重來的機會，充分培養自己去愛、去寬恕和去練習慈悲心的能力，進而達到我們的期望。

8月23日

如果你被響尾蛇咬傷了，你可以選擇打死響尾蛇，也可以選擇去照護自己的傷口。當你花愈多力氣攻擊響尾蛇，毒液會愈快流遍全身。同樣的，如果別人傷害了你，你也有兩個選擇：一是找加害者報仇，二是照顧傷口，療癒自己。

8 月 24 日

　　要你展示脆弱，先拿安全感來換吧！不是每個人都有特權聆聽你的故事。你有沒有遇過陌生人一股腦把他這輩子的故事都說給你聽？氣氛通常很尷尬，因為你們兩個人都還沒建立安全感。

　　唯有在兩個基本情況下，你可以安心分享自己的故事。一是你需要對方的幫助，所以你說出自己的故事。二是你說出自己的故事，可以激勵或支持對方。

　　如果沒有滿足其中一項條件，我個人是不會分享的。我不是在隱藏自己，而是因為我的故事很神聖，不是每個人都有權聆聽。

　　你的故事對你生命中哪些人會有幫助呢？想想看你跟誰之間建立了安全感，可以對他盡情吐露心聲。

8 月 25 日

「真正的冥想，是把冥想融入生活。」

喬・卡巴金 (Jon Kabat-Zinn)

8月26日

現在醫療人員最新流行的處方是「去公園」，也就是建議病人走出戶外，呼吸新鮮空氣，享受陽光，花時間體驗不插電的生活。人待在戶外，確實可以減輕壓力，提高幸福感，緩解焦慮，對心臟也有好處。

你其實不需要看醫生，就可以開給自己這個處方；寫一張處方箋給自己吧！健行、養花種草、在雨中跳舞，或者看日落。

8月27日

展開一段探險旅程。找一個沒去過的地方，盡情體驗和享受。

8 月 28 日

　　兩位藝術家試著雕刻重達幾噸的大理石柱，第一位選擇用鑿子，可是太笨拙了，把一塊大理石鑿到裂開，他心想大理石都壞了就乾脆放棄。第二位受委託的藝術家，試都沒試就放棄了。其他藝術家也不想擔這個責任，於是那塊大理石就擺在院子的角落，遭受風吹雨打，一放就是幾十年。

　　有一天，大家找來一個年輕人，年紀不滿 30 歲。米開朗基羅看一看大理石，想像會有什麼樣的靈魂困在裡面。他有條不紊，慢慢鑿去不必要的部分，過了兩年半，終於雕刻完成。舉世聞名的藝術作品「大衛像」，總算公諸於世。

　　我們看著自己，就好比前幾位藝術家看著大理石柱，凝視著破裂的大理石，只覺得它不完美、壞了、沒人要了，一點也不敢迎接挑戰。他們看不到米開朗基羅所看見的東西，也沒有耐心等待它顯現、形塑和拋光。

　　你就如同這塊大理石，隱藏著驚人的潛力。你是無價的藝術作品，只是等著你去發現。

8 月 29 日

　　多巴胺很厲害。這是腦部不可或缺的神經傳導物質，有助於感受滿足和喜悅。體內有愈多的多巴胺，學習能力愈好，記憶力也愈好，做的決策愈明智。

　　時時行善，可以增加體內的多巴胺。今天找機會對別人行善吧！這是你自己的祕密行動喔，盡可能不著痕跡的完成善舉，然後花幾分鐘記錄一下，這種不經意的善舉帶給你什麼感受。想一想，為什麼行善既是賜福給別人，也是一種愛自己的行為。

8 月 30 日

我有沒有什麼決定還在拖延著，
但今天直覺告訴我要趕快下決定？

8 月 31 日

　　念誦真言，一直是幫助冥想常用的工具，超越了文化、語言和傳統，廣為全世界所使用。真言一字源自梵語，意指「心靈的工具」或「心靈的載具」，比方用一個字、一段聲音或一個詞，來清除雜念和鎮定身體。真言在冥想的時候，可以把所有雜念集中在一個中心思想，讓整個心思專注在一件事情上，把所有雜音、焦慮、回憶和痛苦都暫時關閉。

　　大家最熟知的真言「唵」(OM)，其實只是一個聲音，不斷在心裡反覆唱誦。你可以找到很多相關資源，學習如何用真言幫助冥想。

　　今天挑選一句你喜歡的真言，從網路或書本搜尋，或者乾脆自創。試試看用這句真言來冥想吧！

9月
September

9 月 1 日

「我們認為自己所做的，不過是汪洋裡的一滴水，但如果沒有這滴水，汪洋總是少了一滴水。我不贊同做轟轟烈烈的大事，重要的是從個人做起。」

德蕾莎修女（Mother Teresa）

9 月 2 日

愛自己不是任憑自己叛逆的那一面為所欲為。堅決履行自己許下的承諾，可以向自己證明你是重要的，你舉足輕重。想像一下，你同事或朋友沒有履行對你的承諾，你會不會很難信任他們呢？如果你要建立對自己的信任感，也是同樣的道理，堅持履行承諾，讓你自己相信，你是一個值得信賴的人。

9 月 3 日

滋養我們的靈魂，就跟滋養身心一樣重要。做很多事情都有滋養的效果，比方聆聽你喜愛的歌曲、聆聽冥想引導、閱讀振奮人心的話語、時時行善，或者練習感恩。今天找一件事來滋養你的靈魂吧！

9 月 4 日

知名鋼琴家兼作曲家伊格納奇・揚・帕德雷夫斯基（Ignacy Jan Paderewski）說過：「如果我漏掉一天沒練習，我自己會發現。如果我漏掉兩天沒練習，音樂評論家會發現。如果我漏掉三天沒練習，連觀眾也會發現。」無論是在練樂器，練習解數學方程式，或者鍛鍊健康的身體，都需要自律。自律，聽起來好沉重、好累，但自律反而會自由，為我們開啟前所未有的可能性。

每天練習愛自己和愛人，也是相同的道理。這種自律會創造各種新可能性，你所體驗到的自由，你從自己和宇宙學習到的功課，你因此為自己打開的門，都會令你驚奇不已。

9 月 5 日

我可以克服一切。

9 月 6 日

　　閉上雙眼，用你心靈的眼睛，看見一些可以安慰你和支持你的臉龐。誰的臉浮現了？現在問你自己：你會跟誰一起慶祝好事發生？你會希望跟誰討抱抱？誰會讓你笑？你跟誰光是待在一起就好開心？

　　現在想一想，你有哪些特質會引人注意？比方你有特別的幽默感，又或者你值得信賴，不隨便責罵或評斷正在人生路上跌撞的人。青菜蘿蔔各有喜好，有些人欣賞默默的體貼，有些人看中喧鬧的熱情，你不可能取悅每個人，但你可以成就你個人獨有、令人感到喜悅、有趣或安慰的特質。

9 月 7 日

古代波里尼西亞人會划著小巧的雙殼船，穿梭於島嶼之間，完全不用仰賴 GPS 或羅盤。

他們是如何辦到的？他們會記住星星從水平面上升和落下的位置，有助於繪製他們走過的路徑，這樣就可以一邊朝著終點前進，一邊做微幅修正。

有時候在人生的汪洋，難免會感到迷失或倦怠。如果生活迷失了方向，不妨停下腳步回頭看，光會照亮我們去過的地方。誰是你人生的光呢？想起這些人，你有沒有覺得自己並不孤單？

9 月 8 日

「每個人都會在某件事失敗，所以我可以接受失敗，
　　但我無法接受未曾嘗試過的自己。」

麥可・喬丹（Michael Jordan）

9月9日

　　你是完美主義者嗎？有時候完美主義會阻礙我們愛自己。追求完美並沒有錯，這是人之常情，但也必須認清事情少有完美。跟大家分享一句睿智的話，「別因強求完美，而使好事難成。」去確認你的期待是否合乎現實，你會活得更有智慧，這樣事情就算沒有你想像的完美，但只要夠好了，你仍會感謝和知足。

9月10日

　　看著鏡中的自己，試著去直視你的雙眼，你可能會覺得難，大概是你這陣子都沒有好好看著自己。沒關係，現在盡可能看著你自己，大聲對自己說下面三句話，連續說三遍：

願我平安。
願我今天感受喜悅、和平與愛。
願我離苦得樂。

9月11日

有一種技巧稱為鏡像模仿法（Mirroring），基本上就是不著痕跡模仿別人的身體姿勢。鏡像模仿別人，其實是一種強大的連結工具，可以幫助你了解對方，也會更了解你自己。當你用心模仿別人，你對那個人和自己內心的理解會更深。

今天試著模仿某個人的動作，看看會有什麼事情發生。

9月12日

「沒有什麼是不可能的，不可能（impossible）這個字拆開就是：
『我是可能的』（I'm possible）。」

奧黛麗‧赫本（*Audrey Hepburn*）

9月13日

我們之所以會憤怒，可能是有人未經同意，就從我們身上奪走某樣東西，但有時候我們不敢說出自己的憤怒。我們其中有些人說不定從小到大，都被叮嚀不可以發怒。

如果我們老是壓抑怒氣，等到它真正爆發了，會一發不可收拾，我們就會更相信不要隨便發怒。事實上，用健康的方式表達憤怒，反而會讓我們解脫。表達你正在生氣，解釋你生氣的原因，你就有能力依照自己的價值觀，做出更符合你期望的行動。

以健康的方式表達憤怒，對你來說可能很可怕，所以當你探索憤怒的情緒時，別忘了溫柔對待自己！回想你有沒有下列這些經驗，寫在日記本上：**你有沒有明明在生氣卻刻意壓抑的經驗？你有沒有看過別人表達憤怒卻不失尊重？你有沒有暴怒的經驗？你覺得應該要怎樣表達憤怒呢？**

9月14日

「我睡著的時候，夢中的生活是享樂。我醒著的時候，眼前的生活是服務。等到我身體力行後，領悟到原來服務中充滿快樂。」

羅賓德拉納特‧泰戈爾（Rabindranath Tagore）

9月15日

一個信任自己的人，比較容易以恩慈待人，不會陷入自我貶抑，也不擔心遭人拒絕，也不需要保守祕密。整個人都是自由的，盡情去愛，盡情去行善，盡情去挑戰負面思考。多練習善待自己，你會更願意對自己坦誠。當你對自己愈坦誠，練習善待自己就會更順手。

9月16日

　　準備對身體有益的餐點，充滿各種顏色鮮豔的新鮮食物，綠的、紅的、黃的、橘的、紫的，自己享用或者跟心愛的人一起吃。

9月17日

　　全國清潔日那一天，一個小社區的居民共同整理破舊的公園，好久都沒有小孩去那裡玩耍，遊樂設施都解體了，雜草叢生，塗鴉隨處可見。清潔小隊還沒動手就覺得心很累，心想，這應該是漫長又炎熱的一天。

　　突然間，開來一輛卡車，一大群附近的大學生跳下車。他們一邊勞動，一邊聽著音樂，又唱又笑，只花了幾個小時，就把公園打掃乾淨。

　　有太多事情等著我們去做！今天愛自己的練習就是去當志工，體會這個世界有多麼需要你的付出。你可以去動物收容所安慰孤單的貓，去附近的食物銀行分發食物，去演藝廳擔任招待志工。這個世界有太多的需要，你絕對找得到需要你付出的機會。你能夠跟誰分享你服務的才能呢？

9 月 18 日

　　如果想要鍛鍊韌性，一定要找出自己的強項。你想得到自己有哪些強項嗎？盡量寫下來。如果想不出來了，去問你所愛的人吧。

9 月 19 日

　　「我們看過太多例子了，那些擁有最多自由時間的人，反而沒好好善用時間。不妨每天抽空一小時，穩紮穩打鑽研你感興趣的東西，你最後累積的知識絕對會超乎你的想像。」

威廉・埃勒里・錢寧（William Ellery Channing）

9月20日

反思你曾經犯過的錯誤，千萬不要迴避，因為回顧過去，未來就可以把事情做得更好。這個錯誤帶給你什麼成長？感謝你自己能從中學到教訓。

9月21日

每個人都想改掉自我貶抑，否則內心會一直有聲音，說我們不夠好，說我們無能，說我們一無是處。想一想，你人生中哪一段時期特別會自我貶抑？把當時的狀況寫下來。

退一步看你寫的東西，花時間確認你寫的內容，有哪些是真真確確的事實？事實要看得到、聞得到、嚐得到或摸得到，也可能會被攝影機拍到。事實絕非我們自己的念頭、感受或詮釋。現在從你寫的內容圈出事實。

你圈了多少事實呢？事實的比重可能滿少的。

現在用你圈出來的事實，改寫你的故事。你讀了新故事，內心有什麼感受呢？

9月22日

「跟別人建立關係，有一個不得不承受的風險。
因為你必須敞開，所以會變得脆弱。」

布芮尼・布朗博士（Brené Brown）
《不完美的禮物》（The Gifts of Imperfection）

9月23日

　　按照時間順序，寫出你從小到大遇到的逆境。你可以把時間軸拉長到你出生，或者只限定某一段人生時期。等你寫完了，回顧每一個事件，回想你遇到的「天使」，或者在過程中提供你愛、支持、保護或鼓勵的人，分別把這些人的名字寫下來。想起這些人，你會明白你受到的支持，比你原本想像的更多，好好想一下吧。

9月24日

我不會放棄，我會繼續向前走。

9月25日

　　人生有一些片刻，你會突然覺得步調變慢了，整個世界都安靜下來，萬物在宇宙和睦共處。比方，你在森林巧遇鹿群，看到鹿的耳朵像天線一樣豎起，然後一轟而散。或者，你看到蜂鳥在吸花蜜，穿梭在一朵朵的花之間，那裡吸一口，這裡吸一口。又或者，你第一次看到螢火蟲。再不然就是在海邊看落日。這些時刻都不是預先排練好的，但好像被施了魔法一般，莫名其妙的發生了！花時間回想這些美妙的經驗，寫下你現在的感受。

9 月 26 日

　　身體一直透露訊息給我們，但我們不一定會乖乖聆聽。聆聽也是需要練習的。這項練習會幫助你培養聆聽的能力。回想一下，你最近有沒有過強烈的情緒，現在重新找回那段記憶，在你體內重新喚起那個情緒。你的感受愈深，你的體會也可能愈深。你可以描述那個情緒嗎？如果是不開心的情緒，是不是跟情感創傷有關？允許你自己去感受情緒，問一問你的身體：你現在需要我做些什麼嗎？然後聆聽身體的聲音，你可能要等待幾分鐘才會知道答案，反正身體會試著傳訊息給你。你的身體需要什麼呢？可能是一個擁抱；可能是一段話；也可能是隻字片語，說你接納身體原本的樣子；也可能是小小的動作，跟身體確認一切都好。等到你發現身體的需求，向前邁出一步，以健康的方式滿足身體所需。

9 月 27 日

我釋懷了，我也療癒了。

9 月 28 日

　　想像一下：你走進電影院，坐在第一排，然後你的靈魂離開身體，讓身體繼續留在座位上，靈魂自己飄到了放映室。你開始在放映室播放電影，從玻璃可以看到你坐在觀影區。這部電影是你平常早晨的紀實影片，不只用影像呈現你當下的動作，也用聲音表達你當時的想法。坐在第一排的你，正聽著你對於自己的批判，無比黑暗。

　　你從放映室看著第一排的你，你覺得那個你有什麼觀影感受？你能夠同情影片中和觀影區的你嗎？你想對坐在第一排的你說什麼呢？你想對影片中的你說什麼呢？

　　這可能是困難的練習。如果你的注意力渙散了，給自己幾個緩慢的深呼吸，再接再厲。這個練習是在創造強迫透視（forced-perspective）的經驗，亦即一個更客觀的視角，讓你後退一步，再後退一步，看見更大的圖像，你會慢慢改掉愛評斷的習慣，變得更有慈悲心。拉長距離來觀察你自己，對於自我療癒會有幫助。

9 月 29 日

「如果我接納生命真實的樣貌，
接納當下，那會是怎樣的生活呢？」

塔拉・布拉赫（Tara Brach）
《全然接受這樣的我》（Radical Acceptance）

9 月 30 日

　　跟別人建立深層連結的過程中，最好先了解自己的價值觀，以及這些價值觀的來由。愛自己和愛別人的先決條件，便是自我覺察。想一想，你的價值觀和信念是在何時建立的？怎麼形成的？其中一些源自小時候或青少年的經驗，可能會隨著你長大而改變。我們所學習的、所經驗的、所經歷的，都會影響我們的基本信念。

　　我們也應該好奇別人的信念，以及這些信念的來由。當你跟別人一起探索這些信念，你會把他整個人了解得更透徹，而不只是透過你的視角，況且當你真誠向對方表達自我，你也會重新認識自己，加強對自我的覺察與愛。

10 月
October

10月1日

今天的我，比昨天更努力信任自己。

10月2日

「別相信你心裡想的任何事。念頭就只是⋯⋯念頭。」

艾倫・洛科斯（Allan Lokos）

《舒壓帶著走》（Pocket Peace）

10 月 3 日

　　注意你正在做什麼事，以及你為什麼而做，這是在培養你的韌性，也就是有意識的過生活。舉例來說，想一想你怎麼吃飯。你是不是忙著趕場開會，就隨便簡單吃點東西？還是說，你每次吞下每一口飯菜以前，都會刻意放慢進食的速度，用心體會食物的口味、香味和質地。

　　放慢腳步，想想自己正在做什麼，就是在培養耐性。耐性是韌性的一部分。今天練習有意識的進食吧！去吃你心目中的美食，放慢進食速度，正念的飲食，悉心品嚐每一口食物。

10 月 4 日

　　當我們願意去面對問題並解決問題，就是一種善待自己。這是在對你自己說：我信任你，你做得到的。

10 月 5 日

　　我們對自我貶抑的陰影恨得牙癢癢的，恨不得破壞它、抗拒它、避開它，但是這麼做並無法帶來平靜。不妨試著去體會，自我貶抑的陰影也是想幫忙，只是方式錯了，當我們開始這樣想，就會升起慈愛的心。

　　我們不會大喊「我恨你」，而會試著這樣說：**我知道你希望我完美無缺，再也不會受傷，但這是行不通的，反而帶給我更多痛苦，我在人生路上本來就會犯錯，沒關係的，我犯錯時，身邊都圍繞著愛我的人，所以不會有事的。謝謝你這麼擔心我，我從今以後會好好照顧自己。**

　　當我們做出慈愛的回應，就會感到更安全和更緊密的連結。如果你今天有浮現任何自我貶抑的陰影，練習對它慈愛一點，試看看有什麼不一樣。

10 月 6 日

今天花 30 分鐘散步，呼吸新鮮空氣，感受陽光灑在你的臉上和手臂上，如果下雨了，就撐把傘吧！

10 月 7 日

我們生活中最大的挑戰之一，便是學習寬恕自己。

10月8日

「行善永遠不嫌早，因為你永遠不知道什麼時候會太遲。」

拉爾夫・沃爾多・愛默生（Ralph Waldo Emerson）

10月9日

　　當潛水艇浮出水面時，可以仰賴 GPS 導航來操縱方向，一旦潛水艇潛入水底，就需要另一套系統，例如聲納會透過水傳輸聲音，測量聲音從附近的物體回彈花了多久時間。只不過，聲納要順利運轉有一個先決條件：潛水艇必須減速，把噪音降到最低，否則會有太多干擾。

　　我們跟潛水艇很類似，生活太忙碌了，無法聆聽我們的身體或者宇宙的訊息，畢竟有太多令人分心的事情。

　　每當潛水艇的船長需要動用聲納，就會要求船員肅靜。我們其實也做得到！今天花一些時間冥想，擺脫令人分心的事物，試著聆聽宇宙想傳達給你的聲音，這可能要練習一陣子，所以要有耐心。今天宇宙有話要對你說！

10 月 10 日

　　當我們凝視夜空的星星，其實是看著一道光穿越數千光年，最後抵達我們的眼睛（1 光年相當於 150000000 公里），我們看的是那顆星星的長期記憶，甚至有一些星星早就不在了（早在數十億年前就消失了），但我們不知情，依然深受它感動！航海家憑藉著星星環遊全世界。詩人、畫家和作曲家以星星為靈感創作。科學家打造火箭和望遠鏡，就是為了發現星星的奧祕。有些人則是喜歡看著星空，喜歡它的浩瀚無垠。

　　你就如同星星，也有內在的光，可以把世界變得更美好。你感動過別人的心，照亮過別人的生活。你的光甚至幫過別人找路。

　　就連我們離開人世，我們的光仍會發揮燈塔的功能。你希望別人怎樣緬懷你呢？你想感動誰的人生呢？

10 月 11 日

多聽，少多話，因為我們有兩個耳朵，一張嘴巴。

10 月 12 日

西方哲學說：如果你很努力，你就會成功，你會很滿足你所達成的成就。
東方哲學說：就算你沒有達成目標，還是可以很滿足。

東西方哲學各有千秋。當你心中有一個目標，你會督促自己更努力一點，以便達成目標。以減肥為例。西方哲學鼓勵大家減了幾公斤就來慶祝一下，以目標督促減重；東方哲學會鼓勵大家愛身體當下的樣子，兩者都是在善待自己，只是方法互補。朝著目標邁進是重要的，但一路上仍要愛自己當下的樣子。

10 月 13 日

自私是害怕失去重要的人，於是死命抓著不放，但是抓得愈緊，我們和別人都有受傷的危險，只是我們太在乎自己了，所以就不會發現。

自我照顧就不一樣了。這就像爬樓梯要扶著欄杆，讓我們穩住身軀往前走。這時候的重點不在自己身上，而是要尋求穩定的支撐，以免跌倒。如此一來，當我們爬到更安全的位置，還可以拉後面的人一把。

10 月 14 日

「誰都會生氣吧？生氣很簡單！但如果要找對人生氣，生氣得恰如其分，還要找對生氣的時機、理由和方式，這就不是每個人都做得到的，一點也不簡單。」

亞里斯多德（Aristotle）

10 月 15 日

把右手插在左腋窩，用身體和手臂輕輕夾住你的手，用手感受你身體和手臂的溫暖，覺察你手中的能量，覺察你的內心有沒有情緒升起。現在左手放在右肩或右手臂的外側，上下移動一下，感受左手和右手臂之間的溫差。給自己一個擁抱，你的內心有什麼感受呢？覺察有沒有情緒升起。

過了幾分鐘，左手移到前額，手放在額頭上，你有什麼感覺呢？感受那個溫度、質地和感覺。覺察有沒有情緒升起。覺察你有什麼念頭冒出來。覺察你的內心有什麼波動。

過了幾分鐘，再把左手移到腹部，給自己深呼吸，持續感受那個溫度、質地、感覺、情緒和念頭。

哪一個姿勢對你而言最舒適呢？現在就回到那個姿勢，停留更長的時間，允許你自己享受這個體驗。

10 月 16 日

　　同理心是可以學習的能力，好比學習彈奏樂器、做運動、動手術或換機油。有些人的同理心是與生俱來的，有些人可能要花一點心思練習。然而，無論是先天就有，還是後天訓練，對陌生人展現同理心都需要練習。

　　試試看這個練習：拿出一張紙，從中間畫一條線，回想你跟別人意見不合的經驗。在中線的左側，從你的觀點描述事發經過，例如誰說了什麼話。在中線的右側，盡量寫出你當時的心情，然後給自己幾分鐘休息一下。

　　現在試著換位思考。在中線的左側，從對方的觀點描述事發經過，盡量去體會對方的處境，從對方的觀點來看待意見不合這件事。在中線的右側，寫下你覺得對方會有的心情。

　　怎麼樣？你從這個活動學到什麼呢？有沒有改變你對自己和對方的看法呢？

10 月 17 日

我夠愛我自己，我會做出健康的選擇。

10 月 18 日

美國有很多高中開始放棄傳統計分。現在學生得到的評分，再也不是 A、B、F，而是會拿到顏色。藍色表示學生精通那一門功課，紅色表示「還沒有」精通。傳統的分數會讓人覺得自己失敗了，但顏色傳達不同的訊息：「**你在正確的道路上，不要放棄。**」

下次你還沒達成目標，別急著對自己說失敗了，試試看這段話吧：「**你朝著正確的方向邁進，不要放棄，你會到達終點的。**」

10 月 19 日

「人回顧過去，雖然會肯定教學卓越的老師，但只會感恩曾經觸動他們心靈的老師。對於正在長大的幼苗，以及孩子幼小的靈魂，上課固然重要，但人性的溫暖才是最重要的。」

卡爾・榮格（Carl Jung）

10 月 20 日

我們與別人的連結，攸關我們的安全感和生活品質。人天生就需要建立關係，人天生就應該關懷別人，這深植在人類的 DNA。如果我們也愛自己，也善待自己，跟別人建立關係就會更順利。

10 月 21 日

一定要相信，你的渴望、你的價值、你的夢想和你的原則
都是有價值的。

10 月 22 日

自我貶抑會綁架我們寬恕自己的能力。我們會迫於自我貶抑的陰影，一
再懲罰做錯事的自己，罔顧我們已經為此受苦多年。時光無法倒流，事情無
法改變，但我們仍不斷翻舊帳和懊悔。如果你反覆受到這些心情的轟炸，不
妨重複下面這段箴言：過去的，已經過去了，我無力改變，我只能在當下採
取行動，創造不一樣的未來，而我已經在做了，我正在向前邁進。

10 月 23 日

當我們戴上面具，並不會帶來快樂或平靜，反而會讓情緒突變。憤怒的情緒突變成暴怒或憎恨。悲傷的情緒，變成憂鬱或無動於衷。恐懼的情緒變成焦慮。我們因為受傷，習慣戴著面具。把面具摘下是極大的挑戰，因為展示自己的脆弱，需要極大的勇氣。

試著找出你在面具背後隱藏的痛苦，這是不是一種情感創傷呢？可能跟遺棄、失落、拒絕、忽視、背叛或虐待有關。如果你摘下面具，就能夠貼近讓你痛苦的傷口。就連再簡單不過的善意，也可以提供傷口溫柔的照顧，但前提是，你要先摘下面具。

10 月 24 日

韌性是可以學習的技能。我愈來愈有韌性了。

10 月 25 日

如果你在游泳池發現有人溺水，你想必會立刻採取行動，不管是向別人求救，或者親自跳下去救人。

但如果換成是你沉溺在生命的挑戰，你會去找浮木嗎？還是任憑自我貶抑的陰影拉下你呢？如果你快要撐不住了，該如何延長你的救生索呢？你可以向別人求救嗎？你可以給自己打氣嗎？

10 月 26 日

「基本上，勇敢就是不自欺欺人。」

佩瑪‧丘卓 (Pema Chödrön)
《轉逆境為喜悅》 (The Places That Scare You)

10 月 27 日

　　情感創傷的模式大致可以預測。當有人碰到我們的傷口，我們會感到憤怒，會想要報復，或者會乾脆逃避，麻痺自己的感受。

　　覺察你有沒有這樣的情況。如果再有人碰到你的傷口，勇敢承認你被刺傷了。說出你的感受，給自己時間想一想：**我需要什麼？**

10 月 28 日

「多麼美好的一天啊！這樣的日子，我以前從沒有過！」

瑪雅・安潔盧 (Maya Angelou)

10 月 29 日

　　石頭湯的故事中，一位疲憊的旅人來到一個小鎮，小鎮居民之間充滿猜忌和敵意。這個疲憊的旅人敲了每一家的門，看看有沒有人可以分享食物，沒想到不僅沒有人開門，也沒有人跟旅人說話。旅人最後放棄了，決定在小鎮的廣場生火。他從背包拿出黑色的鍋子，去廣場的噴泉裝滿水，把鍋子擺到火上，他開始在廣場找石頭。鎮民一直從窗戶偷看他，終於有一個女人忍不住跑出來問他在幹什麼。

　　「我在煮石頭湯。」他說。

　　「石頭湯？我第一次聽過。」那女人說。「好喝嗎？」

　　「好喝，加了紅蘿蔔會更好喝。」

　　「我家裡有一些，我去拿。」女人跑回家裡。

　　不久，其他鎮民也來了，紛紛把自己家的蔬菜加到湯裡。

　　最後鎮民一起享用石頭湯，好久沒有這樣了！你今天有什麼可以跟別人分享嗎？分享是很美好的，一方面對別人付出愛，另一方面感受別人回報的愛。

10 月 30 日

　　練習同理心需要一點心思。有時候我們會忘了同理心的重要性，一下子就陷入自己的觀點，一味從自己的評斷看事情。這麼做當然比較容易，但這樣會孤單且孤立的活著。我們透過練習同理心，能避免或化解長久以來的分化和衝突。當你的同理心持續深化，你會發現絕佳的解決辦法，盡情享受人生。雖然展現同理心需要努力和投入，但是你獲得的回報，會讓你和周圍每個人獲益。

10 月 31 日

「別忘了，那些小情緒才是生活中的大船長，
讓我們不知不覺的任其擺佈 。」

文森 · 梵谷 (Vincent van Gogh)

11 月
November

11 月 1 日

　　當我們信任自己，會更容易做出明智的選擇。我們不會再陷入自我貶抑的陰影，一直告訴自己應該這樣做，不應該那樣做。我們也不會再因為矛盾的訊息而焦慮。

　　花時間去想一想，哪些選擇是在服務你的最佳利益？哪些選擇是在服務別人的最佳利益？挑選一條可以帶來最大喜悅和自由的道路。當你愈信任自己，你會更容易做出明智的決定嗎？寫在日記本上。

11 月 2 日

　　今天，你一有機會，就來享受溫暖的蒸汽浴或放鬆的泡澡，不妨添加浴鹽和精油，有助於舒緩肌肉和釋放壓力。

11 月 3 日

寫封感謝信，給曾經改變你人生的人。

11 月 4 日

　　人生不會一帆風順，當你期待人生無風無雨，毫無顛簸險阻，你才會覺得人生好苦。當你認清人生偶爾會有挑戰，你就會做好準備，知道有些路會走得很辛苦。你也會知道，你不是孤單一個人，人生這條路上有人會幫助你，也會有需要你幫助的人。

11 月 5 日

「我們這輩子最棒的投資，就是投資自己，
這是我們面對人生並做出貢獻的唯一利器。」

史蒂芬‧柯維（Stephen R. Covey）

11 月 6 日

　　我們有時候會無法寬恕自己，是因為沒有去彌補自己所造成的傷害。彌補，是為了復原受損或失去的東西。你有沒有想要彌補誰呢？現在突然間要你回想那個人，回想你造成的傷害，回想傷害造成的衝擊，可能都很難，但唯有這麼做你才會有頭緒，知道該如何復原失去的信任。當你做了彌補，你就會更容易原諒自己。

11 月 7 日

1954 年，有一尊融合灰泥和玻璃的大佛像，準備搬到泰國新建的佛寺，但就在建築工人用吊車吊起佛像時，繩子硬生生斷了，佛像重重摔在地上。

工人擔心佛像會摔壞，連忙跑過來確認情況，但實在太出乎意料了！灰泥破裂之後，露出底下的金身。工人仔細剝掉灰泥和玻璃，露出純金打造的實心佛像。

於是，歷史學家推測 200 多年前，王國遭到外人入侵，廟裡的僧侶為了保全佛像，隨便用黏土、灰泥和玻璃裹住，雖然入侵者攻擊了村莊，留下一片廢墟，但佛像毫髮無傷。

有時候我們也會對自己做相同的事。你有沒有看出自己的價值呢？還是你都把它蓋起來了？

11 月 8 日

小小的進步也是進步。為你前進的步伐而慶祝吧！
就算只是一小步。

11 月 9 日

你旅行時有可能遇到這個標示:「前方道路正在維修中,無法通行」,可是你有預定的路線,也有預定抵達目的地的時間,現在卻發現道路封閉,被卡在塞車的車龍裡,等著舉旗的人放行,或者改走替代道路。一時之間,計畫整個被打亂,人很容易暴怒,但如果任憑自己沮喪下去,只會更加受不了耽擱。

人生總會有突如其來的耽擱,這可能是時間的耽擱,也可能是一種比喻。面對出乎意料的路障,你可以好好對待自己,重新建立自己的認知。換句話說,我們要重新說一個正面樂觀的故事,換成說:「太棒了!那我就有時間多聽一點有聲書。」而不是說,「糟了!這個工程真的是在拖慢行程耶!」

回想一下,最近你自己或自我貶抑的陰影,有沒有對你說什麼負面的故事?現在把負面的故事轉化成正面的。如果再加上天馬行空的創意就更棒了!例如,「還好我今天有改道,否則就被火星人的波束牽引到他們的太空船啦!」

11 月 10 日

我花時間滋養我的身、我的心、
我的思想和我的靈魂。

11 月 11 日

　　不捨得對自己好，一直是人之常情。我們擔心對自己太好，就是在對自己放水，做不成心中的大事。我們擔心對自己太好，會讓自己軟弱，無力改變。沒想到研究結果顯示，對自己好的人，反而會更有動力、更幸福、更有韌性。

　　即便有這些恐懼，你還是可以練習善待自己嗎？可以的！第一步，寫下你對於善待自己的擔憂。第二步，反思這些擔憂，跟你自己說，練習善待自己確實還滿可怕的。第三步，試著展現慈悲，寫下鼓勵自己的話。當你面對一個不敢嘗試新事物的孩子，你會對他說什麼呢？

11 月 12 日

世間有好多光明和良善。
我戴上感恩的眼鏡，看見了這些美好。

11 月 13 日

當自我貶抑的陰影說一些謊言，製造了灰暗和痛苦的情緒，包括挫折、焦慮、困惑，我們不妨問自己三個問題：這是真的嗎，還是說，只有我相信它是真的？這段話可以幫助我站在光明面，發揮自我天賦或變得更有愛嗎？如果要展現更多愛、善意和勇敢，我可以怎樣回應這段話或這個情境呢？回答這三個問題，你會慢慢從黑暗面轉向光明面。

11 月 14 日

「人經常愈活愈後退，只顧著累積更多的物品或金錢，以為這樣就會如願，從此過著幸福的生活，但事情剛好相反。人必須先做自己，再來是完成份內的事，最後才是追求想要的。」

瑪格麗特‧楊（Margaret Young）

11 月 15 日

想要讓自己更接地，跟土地建立更緊密的連結，最簡單的方法就是脫鞋子。如果可以在戶外脫鞋子就更好了，感受一下腳底的青草和土地。但如果你不方便在外面赤腳，那就趁現在脫掉鞋子。動一動你的腳趾頭，感受你腳踩的地面，想像你正在朝著地底扎根。把自己固定在土地上，想像你透過雙腳吸收土地的能量，灌注到你體內。給自己幾分鐘深呼吸，跟土地連結。

11 月 16 日

　　練習對正在受苦的人表達慈悲，你內心會有一股衝動，想做一點事情緩解他們的痛苦。你不會想懲罰那個人，也不會想落井下石。你只想幫助他，讓他知道他不是孤單一個人。

　　下次你受苦的時候，問自己這個問題吧！如果你朋友或你所愛的人受苦了，你會做何反應呢？未來再有機會面對受苦的自己，盡量以善意取代怒氣和失望，看看你的痛苦有沒有減輕一些。

11 月 17 日

「跟不合適的人分享我們自我貶抑的故事，只是讓原本已經夠危險的風暴平添一張橫飛的碎片。」

布芮尼・布朗博士 (Brené Brown)
《不完美的禮物》 (The Gifts of Imperfection)

11 月 18 日

自責和負責不一樣。自責是在排解自己的痛苦和不安。每當自我貶抑的陰影開始責備我們，我們會經歷兩個階段，先是批評自己不完美，再來是左閃右躲，不知所措，於是趁大家還沒發現以前，急著甩掉丟臉的事。

反之，負責就並不會再左搖右擺，而是直接勇敢站出來。負責是為自己的行為承擔責任，認清這個行為所造成的衝擊，盡量做出修正。負責會營造出一個彼此信任的環境。

下次你再犯了錯，認真觀察你是在自責還是在負責。

11 月 19 日

你有多久沒有為自己的成功慶祝了？現在來慶祝一下吧！我是說真的啦，放下這本書，想一件你今天完成的事情，好好慶祝一下，大張旗鼓的慶祝，就是現在。

11 月 20 日

人就像烏龜。如果我們擔心會受到傷害,往往會把頭縮進殼裡(比喻)。如果我們感到不安,甚至會叫別人離我們遠一點。反之,如果我們感到安全和善意,比較有可能會從殼裡鑽出來。

現在對自己做這個練習,把貶抑的話語換成正向的事實,例如「**我很重要,我擁有歸屬感,我值得被愛**」,讓自己從殼裡鑽出來。

11 月 21 日

「當下充滿了喜悅和幸福,如果你有專心體會,你就看得見。」

一行禪師(Thích Nhất Hạnh)
《橘子禪》(Peace Is Every Step)

11 月 22 日

人生很弔詭,生命的韌性都是承受壓力而來的。如果你只推舉 0.5 公斤,別奢望身材會變緊實。0.5 公斤實在太輕了,就算推舉 50 次也不會長肌肉,因為長肌肉需要阻力,讓肌肉承受壓力。你通常要找個難度適中的重量,一次推舉 8 ~ 10 次。等到你的肌肉開始長大,變得更強壯了,再來增加重量。

你面對嚴峻的挑戰也是如此。愛自己有一門功課就是跟韌性有關,但如果沒經歷過難關,絕對不可能增強韌性。如果你只喜歡無憂無慮的生活,根本學不到任何東西,你會錯失無數練習愛自己和慈悲心的機會,你看事情的角度也會缺了一塊。

經歷極為痛苦的事情,有沒有讓你成為更有愛,更有慈悲心的人呢?

11 月 23 日

對於個人和全人類來說,腦和身體絕對是生存的利器。至於自我貶抑的陰影,任由它綁架我們的人生,自以為是渺小的,這對於全人類或個人來說都毫無生存適應優勢而言。從現在開始,駁斥那些黑暗的話語,大聲說出事實,讓自己快樂!

11 月 24 日

我們經常強調自己和別人的差異，無法看到彼此的共通點，尤其是跟我們不同歸屬的人（不同種族、宗教、政治看法、工作地點等）。現在想一個跟你不一樣的人，一個不在你歸屬群體之內的人。

列出你們有共通點的地方，然後列出你們有差異的地方。哪一個寫的比較多呢？

這個練習可以幫助你，看見比你想像更多的共通點，順便發現彼此的差異可能是值得利用的資產。你可以從對方不同的觀點、背景或知識學習到什麼呢？對方又可以跟你學習什麼呢？

11 月 25 日

我們每個人都是地球上對自己最嚴苛的人，最愛批評和評斷自己。而且我們評斷或批評別人時，經常是在別人身上看見了我們看不慣自己的地方。你明明應該看見你內在的光。從今以後，善待自己吧！這個世界會因為你變得更美好。

11 月 26 日

「把心目中美好的生活，融入自己現在的生活，你才會在乎你過得幸不幸福，放寬心面對你吃過的苦，從匱乏和苦難的回憶裡，開啟最甜美的喜樂泉源。」

喬治・艾略特（George Eliot）
《丹尼爾的半生緣》（Daniel Deronda）

11 月 27 日

「成長並成為真正的你，是需要勇氣的。」

E. E. 康明斯（E. E. Cummings）

11 月 28 日

　　自我貶抑和罪惡感不一樣。自我貶抑會對你說：「你不夠格，你有缺點，你一無是處。」罪惡感會對你說：「你犯下的錯誤，可能會造成你自己和別人的痛苦。」自我貶抑是有害的，迫使我們去隱藏和閃躲，並且試圖掩飾自己的行為。罪惡感倒是有益的，會鼓勵大家去做出改變、修正錯誤或重建信任。回想你最近一次犯錯，你的感覺是偏向自我貶抑還是罪惡感呢？如果你正在跟自我貶抑交戰，可能要找個人幫忙你消除，這樣你才可以帶著寬恕和善待自己的心，繼續向前走。

11 月 29 日

　　弗瑞德・羅傑斯（Fred Rogers）在《羅傑斯先生的鄰居們》（Mister Rogers' Neighborhood）電視節目中，花很多時間教大家去愛，去釋出善意，去享受當下。他觀察到了，「人本來是簡單而深奧的動物，卻被這個世界變得膚淺而複雜」。你是極為深奧的生命，但這個世界拼命干擾你，拿一堆社群媒體貼文和廣告轟炸你，一直說你不夠好，慫恿你購買特定產品或參加特定活動，以致你內心不斷上演小劇場，搞得自己精疲力竭。

　　暫時讓自己遠離塵世的喧囂，花幾分鐘穩住你自己，對自己反覆說幾遍弗瑞德・羅傑斯的箴言：**我是簡單而深奧的生命。**

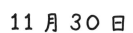

11 月 30 日

　　有時候我們寧願大事化小，也不願小題大作。我們擔心開口提出要求，可能造成別人麻煩，或者遭到別人拒絕。但是記住了，當你開口要求，別人頂多也只是拒絕你而已！回想一下，你曾經在什麼事情退而求其次？你能不能夠開口求救或要求調整，讓結果更貼近你的期望？今天好好愛自己，為自己伸張一下吧！

12 月
December

12月1日

我言行如一。

12月2日

你有沒有曾經很期待達成某個目標，卻不知道怎麼下手？你可能是開了會或學了新東西，讓你有動力做出改變，衝勁十足，一整個躍躍欲試，但過了幾天，衝勁就像洩氣的輪胎都消失殆盡了。為什麼有時候很難維持衝勁呢？

當你想著大目標，很難看出哪裡有路可以走。你會摸不著頭緒，總覺得還沒開始就失敗了。這時候你要問自己：**我可以持續做哪一件事情，幫助我達到期待的目標？**一件事就好了。從原地開始前進！你願意花多久時間持續做這件事呢？你能不能跟別人許下承諾，保證你會堅持做下去？

與其隨著情緒波動，還不如花時間思考和計畫，你會更有機會成功。情緒來來去去，能量也是，重點是許下小小的承諾，堅持下去，就會有驚人的成果。

12 月 3 日

　　你一定有聽過聖經的這句話：「真理使人自由。」真的是這樣！當我們誠實面對自己就會自由。如果我們佇立在真理的光，就容易看清陰影的騙術。真理會幫助我們，以事實為基礎，做出理性的選擇。真理可以賦予人力量。

12 月 4 日

「要讓油燈持續燃燒，就要不斷的加油。」

德蕾莎修女（Mother Teresa）

12 月 5 日

飛機機艙的壓力稍有改變，氧氣罩就會落下，這時候大人必須先戴上自己的氧氣罩，才可以去幫小孩子戴。這有違父母的本能，父母總希望孩子安全，受到良好照顧，但如果大人沒有戴好氧氣罩，就無法好好幫忙孩子。

善待自己的關鍵，在於做好份內的事，顧好自己的利益。讓自己活在當下，才有餘力幫助別人。你怎麼看待做好份內的事呢？

12 月 6 日

當你擁抱自己正向的核心價值，徹底內化，你會重新看待苦難，為自己經歷的一切找到意義，然後行為也會跟著改變。當你相信你無論如何都值得被愛和擁有歸屬感，你就會變得無所不能。

12 月 7 日

你內心深處有一個核心的自我，展現著你真實的樣貌，潛藏著智慧、勇氣、自信和力量，所以值得我們去探索，並且跟別人分享，以建立更親密的連結，實現自我成長。

閉上你的雙眼，開始默默冥想。從頭到腳掃描你的全身，直到你發現核心自我的所在。這可能要花幾分鐘的時間，多一點耐心，慢慢的呼吸，等到你找到核心自我，注意他周圍的環境，他有沒有被監獄關著呢？他是自由的嗎？你可以輕易地跟他連結嗎？

今天從白天到晚上，沒事就去找你的核心自我，經常跟他連結。一天結束時，寫下你的感受。你學到什麼呢？有哪些趣味的事情？什麼對你特別困難？什麼對你特別簡單？

12 月 8 日

我今天會改變自己的信念。

12 月 9 日

　　自我貶抑的陰影很會指使我們什麼該做，什麼不該做。寫下你經常聽到的命令，現在拿筆畫掉「你該」或「你不該」，插入「我真的想」或「我真的不想」，然後在句尾加上「因為」的句子。我舉個例子好了，「我不該喝碳酸飲料」，改寫成「我不該真的不想喝碳酸飲料，因為我知道它對身體不健康。」又或者「我不該真的想喝碳酸飲料，因為太好喝了，即使我知道這並非有益健康的選擇。」

　　改寫句子，有助於看見陰影背後的動機。陰影的本意是想幫忙，只是方法不夠有愛，或者不夠支持我們。當我們花時間深入思考，重新整理自己的思緒，一來會幫助我們看見隱藏的真理，二來會讓我們停下來評估現狀，做出更愛自己的選擇。當你受不了自我評斷的轟炸，試試看這個練習吧！

12 月 10 日

　　我吸引真理、正直與光。

12 月 11 日

想一想太陽系和我們在地球上的生活，竟是如此的規律。每一天地球都會旋轉，太陽都會規律的升起和落下。地球是傾斜的，每年繞行太陽一圈，為我們帶來春夏秋冬，只要在適當的季節播種，就知道何時會有糧食收成，有花可以欣賞。海洋的潮汐也可以預測，讓我們預知各個海岸線的潮起潮落。就連月食和日食，也是每隔幾年來一次，讓我們準確預測何時會發生，何地可以觀測。

我說這些有什麼意含呢？每個人可能有不同的解讀，但我想說的是這個世界很安全，即便生活亂糟糟的，還是有跡可循。想想看在你的世界中，有哪些是穩定的，值得你信任的呢？

12 月 12 日

「硬是維持一段覺得無用的關係，久而久之，
我會失去我自己。」

卡爾・羅傑斯（Carl Rogers)
《成為一個人：一個治療者對心理治療的觀點》
(On Becoming a Person: A Therapist's View of Psychotherapy)

12 月 13 日

這本書都在講情感創傷（自從我們經歷了失落、拒絕、遺棄、忽視、背叛和虐待之後就縈繞不去），有一部分的人生功課就是在學習療癒這些傷口，尤其是透過善待自己。

當你試著善待自己，你就能夠抓到自己故態復萌。從此以後，如果再有人忽視你，你大可對自己和別人投以愛的關注。如果再有人令你失望，你就自己去履行對自我的承諾。如果你曾經遭到背叛，現在就讓你成為自己和別人忠實的朋友。

12 月 14 日

今天，把底下這句話跟自己說 25 遍：我愛你（加入你的名字），你是充滿光與力量的存在，你可以達成任何你奮鬥的目標。

12 月 15 日

　　摳掉結痂，傷口會好得慢，還會有感染的風險。情感創傷也是同樣的道理，傷口明明開始結痂了，但你心中的小孩很好奇，很想知道裡面有什麼，於是把結痂摳掉。有哪些行為是在摳掉情感傷疤呢？比方喚起憎恨，採取被動攻擊或單純的攻擊，對督促你的朋友說謊。

　　如果要避免自己摳掉傷疤，最好在傷疤上纏上繃帶。同理可證，你也要在情感傷疤上覆蓋愛的話語，寫慈悲的鼓勵小語給自己。你也可以安排時間跟自己獨處，做一些你覺得安慰和舒緩的事情。你也可以單純把手放在受傷的部位，想像療癒的光從你的手進入你體內。除了營造有療癒效果的環境，你還可以做什麼事情來保護傷口呢？

12 月 16 日

你好，我的靈魂向你的靈魂行禮。

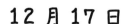

12 月 17 日

很多人基於錯誤的前提，堅信每個人都是自私的，誤以為人只會基於自我利益來完成理性決策，但分明就是這個錯誤前提在激發私心，助長匱乏思維，擔心資源不夠大家分。

事實上，只要建立健康的人際關係，擁有充分的歸屬感，並且有能力改善別人的生活，我們就會覺得更富足。幸福不是建立在金錢之上，而是有賴人與人的連結。

12 月 18 日

「法官大人，我知道宇宙中每一個生命原子都彼此相連。我知道把一顆石子扔到大海裡，每一滴海水都可能受到影響。我知道每一個生命都和其他生命緊密交融和交織。我知道每一個有意識和無意識的影響，都會對每一個生物產生作用和反作用，難以找出始作俑者。我知道人生是一系列的機會所組成的，有時候那樣走，有時候這樣走。我和其他人都沒有無窮的智慧來明白這些事。」

克拉倫斯‧丹諾（Clarence Darrow）
《不幸者的代言人—克萊倫斯‧丹諾》
（Attorney for the Damned: Clarence Darrow in the Courtroom）

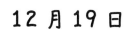

12 月 19 日

　　神經科學研究印證了理論家一直以來的想法，人果然是關係的動物。我們對彼此的影響，比我們意識到的更深遠。根據研究結果，我們會依照個人判斷，隨便關閉同理心的情感反應，尤其是針對不同陣營的人。這在政治很常見！我們會因為對方是不同的政治陣營，就不願意聆聽他說的話；我們覺得對方不配為人，於是做了各種假設和評斷，同時創造隔閡。

　　這種隔閡會在神經層次製造痛苦，讓我們麻木不仁。如果你真心想練習愛自己，試著對這個世界投以更多好奇心。自我反省一下，你有沒有因為別人跟自己不一樣，就隨便排斥他、忽視他、鄙視他，或者認為他不是人？你能不能認清你的行為只是在延長痛苦呢？試著寬待自己，也寬待敵人。

12 月 20 日

　　這個故事關於三個在烈日下工作的砌磚工。路人很好奇他們正在蓋什麼，於是問第一個砌磚工。

　　「我不知道。」第一個砌磚工說。「我來了就聽命行事，這只是一份工作。」路人仍不死心，於是問了別的砌磚工。「我們在蓋一座牆。」第二個砌磚工說。

　　第三個砌磚工站起來，看著路人的眼睛說：「先生，我們不是在砌牆，而是在蓋大教堂，讓我覺得很榮幸。」

　　三個砌磚工分別有三種不同的工作態度。哪一個最鼓舞人心呢？我們都是砌磚工，一磚一瓦構築自己的人生。現在往後退一步，看一看你構築的輝煌人生。當你把自己的觀點導向更大的目標，你的行為和人生觀都會有所改變。從此以後，用更遠大的眼光看待人生和自我定位，你對自己的愛會大增。

12 月 21 日

「想知道自己能不能信任對方嗎？

最好的方法就是去信任他們。」

恩斯特・海明威（Ernest Hemingway）

12 月 22 日

　　美國西點軍校每年都有一個奇特的傳統，至今延續了 200 多年。每年的畢業典禮，凡是過了畢業門檻但成績最低的學生，就會榮獲當屆的「山羊獎」，聽起來好像是在恥笑他，但其實是為他慶祝。其他畢業生會出錢集資，讓那位同學上台領畢業證書時，還可以領到一大筆獎金。

　　為什麼要在畢業典禮為最後一名畢業生慶祝呢？這表示那位同學有韌性和毅力。山羊獎得主並沒有中途放棄，最後才可以跨越終點線。一些榮獲「山羊獎」的西點軍校學生，往後都在各自的領域發光發熱。

　　第一名畢業和最後一名畢業，都無法保證未來一帆風順。真正重要的是永不放棄的精神，持續向前走。

12 月 23 日

　　你可能對精油並不陌生。精油是從植物萃取的化合物，具有療癒和振奮的效果。很多精油都有助於連結自我核心價值，讓我們相信自己夠好了，值得擁有愛和歸屬感，這類精油包括佛手柑、乳香、玫瑰、沒藥、檀香、花梨木、洋甘菊和迷迭香。你可以直接用單方精油，或者跟其他精油搭配使用。不妨用擴香儀擴香，或者先用基底油稀釋再塗抹皮膚，在胸口或腹部順時鐘搓揉，並且對自己說一些正面肯定語（精油務必稀釋後再塗抹身體喔）。

12 月 24 日

「人世間免不了欺騙、辛苦和破碎的夢，但世界依然是美麗的。
樂觀一點吧，努力讓自己快樂！」

麥克斯‧埃爾曼 (Max Ehrmann)
詩歌《我們最需要的》（Desiderata）

12 月 25 日

當我們改寫對創傷的負面詮釋，我們自己的看法就會跟著改變了，就不會再緊抓著突變的情緒不放，進而揮別憎恨、憂鬱、痛苦和絕望。今天從勇氣、慈悲、信任和希望的觀點，去書寫你的情感創傷。如果你願意，也可以跟好朋友或所愛的人分享。

12 月 26 日

今天寫下三件令你笑開懷的事情。為什麼會這麼好玩或有趣呢？你有沒有跟別人分享這份喜悅呢？

12 月 27 日

修剪是一門藝術，例如修剪樹或植物的枝枒或根，讓它長得更茂盛，或者剪掉受損或生病的部分。

園藝新手可能會覺得修剪很難，大概是不想剪掉活生生的樹木吧！但凡是經常種花種草的人，都知道樹木一定要修剪，可能是顧慮樹木過度生長會危害人身安全，也可能是為了刺激花果生長。

我們每個人就如同園藝新手，即使知道有一部分的自己留之無用，卻仍不願放下，比方負面思考以及對健康和精神有害的習慣。捨棄留之無用的部分，本身就是勇敢的行為；更何況修剪粗枝和枯木，還可以讓更多光線和空氣穿透樹枝；我們也可以長得更高，不用再承受沉重的老枝枒。一旦修剪了，便證明我們不再需要它了！這是在透過勇氣和決心，進一步強化對自己的愛，以及愛別人的能力。

生活中你有什麼留之無用的部分呢？你需要什麼協助才得以順利斷捨離，放自己一馬呢？

12 月 28 日

「為自己歡慶，為自己歡唱，我承擔的一切，你也將承擔，
因為屬於我的每一個原子也同樣屬於你。」

瓦特・惠特曼 (Walt Whitman)
《自我之歌》 (Song of Myself)

12 月 29 日

你能夠從鏡中的你，看見自己的美；尋找你的光，凝視你的天賦。好奇你的眼睛為什麼是這種顏色，為什麼某個影像會勾起你的情緒。我們每個人都可以慈愛地看著自己，發現自己的美。

12 月 30 日

　　現在你已經體會到善待自己和愛自己的力量。你比以前更瞭解你自己了，也設法讓自己擺脫過去的傷口、信念和行為模式。愛自己是一輩子的功課，當然不可能在一夕之間學會，但你至少可以回頭看自己進步了多少。

12 月 31 日

　　「我們不沉溺於過去，無論如何都要繼續前進，找尋新的目標，完成新的任務，因為我們有好奇心，好奇心會帶領著我們走向新的路。」

華特・迪士尼 (Walt Disney)

謝 詞

感謝諸位研究人員和教育人士,包括塔拉・布萊克（Tara Brach）、布芮尼・布朗博士（Brené Brown）、凱莉・麥高尼戈爾（Kelly McGonigal）、克莉絲汀・涅夫（Kristen Neff）,他們從科學證據出發,鼓勵大家多練習愛自己。這本書便是深受這些人啟發。

關於作者

特洛伊・樂夫致力於幫助個人、伴侶和組織找到更深層的平靜、喜悅、幸福和成功。他前兩本著作《尋找內心的平靜》（*Finding Peace*）和《平靜的藝術》（*The Art of Peace*）都是亞馬遜網路書店的暢銷書。

特洛伊現為尤馬諮商中心的總裁兼臨床主任，同時也是找尋平靜顧問有限公司總裁，他在心理保健累積 20 多年經驗，2000 年從匹茲堡大學取得社工學士學位，專攻成癮治療。他還從康乃爾大學取得人力資源研究認證，也從美中拿撒勒大學取得性成癮治療從業人員認證。

他運用獨特的手法，來幫助尋求療癒的個人以及希望進步的組織。特洛伊舉辦的工作坊、講座和團體討論，至今造福了無數人，幫助他們探索敏感議題，增進自我理解，並且改變自己。他扎實有趣的教學風格，讓參與者可以安心探索值得改變的人生核心議題。

特洛伊目前跟妻子定居在亞利桑納州的尤馬，跟兩個孩子、兩條狗同住。更多關於特洛伊的介紹，請瀏覽 www.TroyLLove.com

愛自己
的一年
365 個
溫暖練習

作　　者：特洛伊‧樂夫 Troy L. Love
圖片來源：PIXTA

主　　編：陳鳳如
責任編輯：劉羽芩
行銷企劃：江柏萱
校　　對：張文惠、劉羽芩
封面設計：莊婷鈞
內頁設計：李雅玲

法律顧問：建業法律事務所
　　　　　張少騰律師
　　　　　地址：台北市110信義區信義路五段7號62樓（台北101大樓）
　　　　　電話：886-2-8101-1973
法律顧問：徐立信律師

監　　製：漢湘文化事業股份有限公司
出 版 者：和平國際文化有限公司
　　　　　地址：新北市235中和區建一路176號12樓之1
　　　　　電話：886-2-2226-3070　傳真：886-2-2226-0198

總 經 銷：昶景國際文化有限公司
　　　　　地址：新北市236土城區民族街11號3樓
　　　　　電話：886-2-2269-6367　傳真：886-2-2269-0299
　　　　　E-mail：service@168books.com.tw

初版一刷：2020年11月
定　　價：依封底定價為準

香港總經銷：和平圖書有限公司
　　　　　　地址：香港柴灣嘉業街12號百樂門大廈17樓
　　　　　　電話：852-2804-6687　傳真：852-2804-6409

國家圖書館出版品預行編目(CIP)資料

愛自己的一年．365個溫暖練習 / 特洛伊‧樂夫（Troy L.
Love）作；謝明珊譯. -- 初版. -- 新北市：和平國際文化,
2020.11　面；公分
　　譯自：A year of self love : daily wisdom and
　　inspiration for loving yourself
　　ISBN 978-986-371-252-7（平裝）

1.自我實現　2.愛

177.2　　　　　　　　　　　　　　　109013780

168閱讀網
www.168books.com.tw

Note